INSTAGRAM PARA NEGOCIOS Y EMPRENDEDORES

INSTAEMPRENDE

BEA GARCÍA ARES

¡Gracias por haber comprado este libro!

Hay un regalo para ti en la penúltima página.

BEA

Índice

MINDSET 9

Tu actitud determina tus resultados 11

No te compares 13

Busca referencias 15

Confía 16

Desarróllate 18

Cuídate de lo perfecto 20

Sé autentico y coherente 21

CAPÍTULO 1 25

LA ESTRATEGIA 25

Tipos de marcas y problema que solucionan 27

La persona a quien le hablas 30

Elemento diferenciador y posicionamiento 34

CAPÍTULO 2 39

LA IMAGEN 39

Canales y formatos 41

Los colores de tu marca 44

Diseño del Feed 48

Stories 55

Lives 57

Instagram TV o IGTV 58

Reels 60

Destacados o Highlights 63

Perfil 65

CAPÍTULO 3 71

EL CONTENIDO 71

Los insights 73

La narrativa 76

¿Vida personal, o no? 77

No hables solo de ti 78

Contenido "Siempre verde" o "Evergreen" 79

La frecuencia 80

Cómo evitar la fatiga creativa 81

El uso de los hashtags 82

CAPÍTULO 4 87

SEGUIDORES 87

Ganar seguidores 89
Límites de Instagram 93
Lo que nunca debes hacer 94
Lo que siempre debes hacer 95
Consideraciones adicionales 96
Para cerrar 99

Dedicatoria

A mis lectores de espíritu inquieto e imparable, por tus inagotables ganas de crecer constantemente.

A mis hijos Sofía y Lucas, el amor más puro. A mis padres Amadeo y Marité, por su amor incondicional. A mi hermana Alicia, por ser mi gran soporte en todas las circunstancias.

Agradecimientos

A Gerald Confienza, Ricardo Acosta, Yoly Romero y Concetta Brillante, por aparecer en el camino.

Aviso de exención de responsabilidad:

Este libro pretende guiar, educar e inspirar expresando técnicas, experiencias y aprendizajes de la autora, no dar asesoramiento financiero, legal o psicológico. Este libro no debe ser interpretado como una garantía expresa o implícita de ningún tipo. Tanto la autora como el editor, distribuidor, maquetador, diseñador de portada y todas las partes implicadas en la creación y distribución del libro, niegan rotundamente su responsabilidad sobre cambios, pérdidas o riesgos a los cuales el lector se someta como consecuencia directa o indirecta de haber leído este libro.

Aviso Legal:

El contenido de este libro no se puede reproducir, duplicar ni transmitir sin el permiso directo por escrito de la autora.

MINDSET

Una mentalidad de éxito es la mejor compañera para una estrategia de éxito.

Tu actitud determina tus resultados

Tu mente es la semilla que convertirá a cualquier idea en un gran "árbol".

En este apartado especial al que he llamado módulo *mindset*, además de darte la bienvenida, lo primero que quiero decirte es que, aunque este es un curso enfocado en la estrategia que debes seguir en Instagram para hacer crecer tu marca, es imprescindible que antes hablemos de las herramientas que debes usar en tu mente para que todo lo que puedas aprender aquí traiga los resultados deseados.

Alguna vez habrás escuchado decir que el 80% del éxito es psicología y solo 20% es estrategia, esto es una cita del famoso conferencista y escritor Tony Robbins. No sé si esos sean los porcentajes exactos, pero por experiencia propia sé que la manera como piensas es más importante que las técnicas que utilices para lograr tus objetivos, incluso cuando utilizas esas técnicas al pie de la letra.

He trabajado por más de dos décadas en el área de marketing y desarrollo de nuevos negocios, en empresas de todos los tamaños. En el trayecto aprendí a desarrollar marcas de éxito capaces de competir con las trasnacionales más grandes del mundo. Puedo decir con orgullo que todas mis marcas alcanzaron los primeros puestos de participación dentro de sus mercados.

En este tiempo, me di cuenta que en todas hubo siempre profesionales muy preparados y también muy costosos, con muchos títulos y largas trayectorias, pero que no eran garantía de éxito. Lo que realmente hacía que unas empresas tuviesen resultados increíbles y otras no, era la mentalidad de quienes la lideraban, su manera de percibir el mundo y su actitud y, en consecuencia, la gente que atraían a su equipo, que era por supuesto en su mismo match vibracional.

Las empresas que tuvieron crecimientos exponenciales, no fueron las que tuvieron líderes con más títulos, fueron las que tuvieron líderes con más capacidad de creer en lo imposible, y entre ellos me encuentro yo, con más de 100 lanzamientos de éxito compitiendo con empresas como Nestle, Procter and Gamble Johnson & Johnson, Unilever, entre otras.

Una buena parte de mi carrera profesional, me brindó la fortuna de trabajar en empresas que no eran líderes del mercado para el momento de mi entrada, muchas veces eran locales y hasta familiares, la ventaja de las empresas pequeñas es que la energía se puede mover más rápido y los resultados pueden llegar antes, a diferencia de empresas muy grandes donde las decisiones dependen de personas que probablemente nunca llegarás a conocer, tal como me pasó cuando trabajé en trasnacionales cuyos directores, se encontraban en otros países.

Cuando trabajas en empresas pequeñas, el sabor de la recompensa es más intenso, porque te sientes como un pequeño David, compitiendo con Goliat, y el mundo entero es testigo de cómo una mente, un equipo y una estrategia apropiada pueden hacer grieta en los gigantes más fuertes del mercado.
Y esto aplica exactamente igual para los emprendedores que aún son pequeños, pero están pensando en grande, ya desde ahora. La unidad encargada de dar forma al negocio, es pequeña y su energía puede manejarse de forma rápida y conseguir resultados espectaculares en tiempo récord, especialmente, hoy en día con la ayuda de la tecnología.

Entonces, no sé de qué trate tu emprendimiento, no sé qué quieras lograr con tu cuenta de Instagram, pero sí sé cuáles son los pasos para lograr convertirte en la persona, la empresa o la marca personal en la cual deseas convertirte.

No te compares

Lo primero, no te compares. Instagram es un mundo lleno de oportunidades y aprendizajes, sin embargo, también es un mundo lleno de filtros y apariencias.

La primera vez en mi vida, que decidí abrir una cuenta en Instagram, para algo diferente a compartir mis fotos del día a día con mi gente de confianza, sentí que me estaba tirando desde una avioneta sin paracaídas. Literalmente, tuve sudoración y estrés el día que coloqué mi primera publicación.

Tenía demasiadas voces en mi cabeza diciendo cosas que ni siquiera sabía que pensaba de mí, simplemente, porque nunca se me había presentado la oportunidad de exponerme ante tanta gente que me veía a mí, pero yo no les veía a ellos.

En primer lugar, dudaba del contenido que estaba haciendo, pensaba que probablemente ya había mucha gente ofreciendo esa misma información.

Por otra parte, también pensaba que mi apariencia no era la más apropiada para convertirme en un personaje público, porque en esto era lo que me iba a convertir si comenzaba a crear contenido en primera persona, me gustase el nombre o no.

No crecí con las RRSS, crecí con la radio y la televisión, un lugar donde si no hablabas y te veías perfecto era mejor no aparecer, de hecho, nadie te iba a permitir aparecer, porque a diferencia de las RRSS para la televisión necesitabas el permiso de alguien, la cámara de alguien y la señal de alguien.

Profesionalmente hablando, me desarrollé en el mundo corporativo, un ambiente donde se reforzaba la idea de la perfección al igual que en TV, y que para mi estilo de personalidad me venía genial. Me gustaba hacer las cosas bien y mejorarlas hasta que quedaran perfectas, esa era mi zona de confort.

En el mundo corporativo ser espontáneo e improvisador no era muy bien visto, y eso para mí también era perfecto, me gustaba trabajar mucho detrás de escena y mostrar solo lo que ya estaba terminado y bien hecho.

Cuando apareció Instagram en mi vida, las primeras personas a las cuales comencé a seguir, venían de este mundo también, donde nada se mostraba hasta que estaba perfecto.

Esas personas estaban emigrando de los medios tradicionales a las redes sociales, por lo cual, se seguían viendo tan perfectos como en la televisión: maquillados, con cejas y pestañas postizas, cabello perfectamente tratado y fundas o carillas en los dientes, que le hacían ver una sonrisa perfectamente ordenada y más blanca y brillante que el sol.

Todo eso, me hacía sentir que no había cabida para mí, pero entonces busqué referencias de personas que tuviesen características similares a las mías, gente con una edad parecida a la mía, con dientes, cejas y pestañas naturales, y una narrativa menos preelaborada.

Al descubrirlos, me di cuenta de algo que en el fondo ya sabía: que la gente no te sigue solo por tu imagen, te sigue por tu contenido y la emoción que seas capaz de inspirarle cuando transmites ese contenido.

Aunque no te veas como los demás, ni hables como los demás, siempre habrá una audiencia que conecte contigo y no con los demás, no va a llegar toda, el día uno, pero va a llegar.

Busca referencias

Hace unos años estuve enferma de cáncer, en aquel momento aprendí a pensar que yo no era mejor ni peor que nadie, simplemente, yo era diferente y aunque no supiera cómo iba a suceder, yo me curaría.

Compararme con las personas que no lograban superar la enfermedad no me hubiese servido de nada. En este contexto, compararte con otras personas en Instagram tampoco te servirá. Eres único y tendrás resultados únicos y diferentes a los de todos los demás, porque tú también eres diferente. Hay cuentas de miles de seguidores que no dan dinero, no tienen interacción y otras de cientos de seguidores que sí lo dan.

Así que es este caso, te sugiero que busques personas que admiras, con características parecidas a las tuyas o que tengan las mismas supuestas desventajas que tú supones que tienes, y usa sus trabajos para inspirarte, no para compararte.

Interpreta los logros y los éxitos que tienen estas personas como una manera que tiene la vida para decirte que **tú también lo puedes lograr**.

Repito: "No compares tu vida con la de los demás. No existe comparación entre el sol y la luna, cada uno brilla cuando llega su momento." Y tu momento ha llegado hoy, si así lo decides.

Confía

Cuando tuve cáncer, toda mi lógica y la de mi entorno, incluyendo a las máximas autoridades del tema (es decir los médicos) decían que no había cura, que no había salida a menos que los medicamentos funcionaran, pero no estaban funcionando.

Un día, vi una mujer en la televisión que se había curado, entonces, todo cambió para mí. Pensé que si ella lo había logrado yo lo podría lograr también.

Una de las cosas que ella había hecho, era pensar en lo que quería lograr en vez de pensar en cómo lo podía lograr.

Ella fijó el objetivo, fijó su meta de curarse sin tratamiento y le dejó el "cómo" a la vida. Fue lo mismo que hice para mí. Decidí pensar que sí iba a pasar y aunque no tenía ni idea de cómo lo lograría, sabía que así sería. Y así fue. (Si quieres saber más de esta historia te invito a leer mi *bestseller* de reprogramación mental "**Eres Reeditable**").

Cuando trasladé este aprendizaje al mundo de los negocios, fue exactamente igual. No sabía cómo podría convertir a mis marcas en las primeras del mercado, ni a la empresa para la cual trabajaba a la primera del país en su categoría, tampoco cómo podría convertirla en una trasnacional radicada en Estados Unidos, pero todo esto pasó, todo salió de mi mente en algún momento como una idea absurda, ilógica y sin sentido, pero ya sabía que así era como llegaban las grandes ideas a mi vida, siempre con un disfraz que me hacía verlas ilógicas.

Sin importar lo que quieres lograr con este curso de Instagram y con tu negocio en general, simplemente aprende a creer que es posible y no te dejes llevar por aquello que parece lógico para ti, porque lo que consideras lógico está condicionado por las creencias limitantes de tu desarrollo, tu cultura y todo tu entorno en general.

Es probable que las personas que más admiramos en esta vida, no consideren lógico lo mismo que nosotros consideramos natural y, puede que, por eso, sus circunstancias sean tan diferentes a las nuestras.

Todas aquellas cosas que consideras lógicas en tu vida tienen un respaldo que, en efecto lo son si de verdad es lo que crees. Sin embargo, todas aquellas que no consideras lógica ni posibles también lo tienen.

El biólogo celular Bruce Lipton, en su libro "La biología de la creencia", explica como un mismo experimento científico, realizado por dos expertos diferentes, con creencias diferentes que esperan resultados distintos, en efecto obtienen resultados distintos, siendo su pensamiento y su hipótesis la única variable que cambia durante el experimento.

Cree en que puedes convertirte desde hoy mismo en la que persona que necesitas ser para lograr lo que quieres lograr, porque puedes. Y esto es posible gracias a varios factores:

1) La metacognición: tu capacidad de observar tus pensamientos y de sustituir todos aquellos que no contribuyen al logro de tus objetivos, es decir, los que te hacen sentir emociones de baja frecuencia.

2) La plasticidad cerebral: La capacidad que tiene tu cerebro de moldearse de acuerdo a tus pensamientos y de readaptarse a las situaciones

3) La capacidad de elegir tus pensamientos: En tu día a día puedes elegir lo que quieres pensar, cuanto más te lo repitas más real será, cuanto más lo visualices más se acercará. La fórmula está en repetir esa idea o ese pensamiento con la emoción real de haberlo conseguido ya, cuantas más veces lo repitas en el día

mejor será. Si de verdad quieres conseguir un resultado que nunca habías podido lograr tienes que convertirte en una persona que nunca habías podido ser y ese cambio se logra con pequeños aportes diarios, sin días de descanso en el medio, es así como de verdad se reprograman nuestras redes neuronales. Si adicionalmente a eso, ponemos emoción, tus nuevos aprendizajes se sellarán más rápido y llegarás antes a ser esa persona que deseas.

Si por ejemplo quieres convertirte en alguien famoso en Instagram o dar una gran visibilidad a tus productos o servicios, **esta es la fórmula mental** detrás de la estrategia de marketing que vamos a estudiar en los siguientes módulos.

Desarróllate

Puedes que estés pensando que para convertirte en la persona que sueñas ser, o para alcanzar los objetivos que quieres lograr, necesitas tener habilidades que todavía no posees.

También puede que, al igual que la mayoría de la población mundial, te hayan metido en la cabeza que todos nacemos para unas cosas y no para otras, que solo eres bueno en esto pero no en aquello, que tienes ciertas aptitudes, y otras no pero, la verdad, es que si bien es cierto que algunas destrezas y talentos ya están desarrollados, también es cierto que todos los demás se pueden desarrollar.

No es que fuimos bendecidos con unos talentos y los otros no, simplemente las circunstancias bajo las cuales crecimos y nos desarrollamos, promovieron y beneficiaron a algunos de esos talentos más que a otros.

Yo crecí con un abuelo que me enseñaba arquitectura cuando era pequeña, y pensé que quería ser arquitecta, de hecho, estoy segura que hubiese sido muy feliz trabajando en la arquitectura. Por el contrario, nadie me enseñó marketing ni tampoco a potenciar el talento humano cuando era pequeña, aun así, pude desarrollar mis destrezas en estas áreas también, gracias a que elegí hacerlo. Pensar que nací para ser solo arquitecta es un error, pensar que nací para trabajar solo en marketing o desarrollo personal también es un error.

En realidad, nací para desarrollar habilidades en todas las áreas que me interesan cuantas veces sienta la necesidad de hacerlo, ¡igual que tú!

Nadie tiene un don, vocación o talento único, somos seres mucho más complejos que eso, solo que algunos de nuestros talentos ya han sido desarrollados y otros aún no. La cuenta de Instagram con la cuál elijas trabajar, durante la lectura de este libro, puede ser una gran oportunidad para descubrir muchos de esos talentos.

Ahora bien, si todo esto es cierto, hay otra cosa importante a destacar en este punto, y es la siguiente:

Una cosa es que, por ejemplo, quieras trabajar como abogado, coach o nutricionista y tengas que aprender de finanzas y tecnología para poder comercializar tu producto con éxito, incluso aunque no lo vayas hacer tú, teniendo un contador y todo eso. Son habilidades y destrezas que vas a poder desarrollar sin problema, si así lo crees y te alejas de los típicos paradigmas mentales de que no naciste para eso.

Otra cosa muy distinta, es que pongas de lado las cosas que de verdad te gusta hacer, y desaproveches el enfoque que has tenido toda tu vida con respecto a esa área que realmente te apasiona, y cambies todo eso por hacer algo que aún no se te da bien, solo porque da más dinero y solo porque yo dije que podemos aprender casi cualquier cosa desde cero.

No abandones tus pasiones ni las cambies por dinero, trabaja en hacer mejor lo que ya sabes hacer bien, y poténcialo aprendiendo habilidades periféricas que te ayuden a hacer crecer tu negocio de manera exponencial. Hoy en día todo se puede subcontratar y delegar a muy bajos costos, gracias a todas las plataformas de *freelancers online* que existen.

Entonces si entre tus creencias limitantes estuvo hasta ahora algo así como que no eres bueno con la tecnología, y por eso has tenido dudas de tu éxito en Instagram. Puede ser que hasta ahora no supieras todas las herramientas que tu cerebro pone a tu servicio para convertirte en cualquier persona que sueñes llegar a ser.

Y aquí viene el otro paso fundamental para la consecución de tus objetivos: Reprograma tu cerebro

Crea herramientas que te ayuden a mantener el enfoque diario en tus objetivos.

Recuerda, el enfoque no es semanal, mensual ni anual, es diario, y de eso trata el método NEUROLEAD que trato en algunos otros de mis cursos y libros del desarrollo del talento humano.

Cuídate de lo perfecto

Si eres de esas personas que no da nada por terminado hasta que todo está perfecto, y que se pasa en una constante parálisis por análisis, recuerda que "mejor hecho que perfecto".

Cuando quieres hacer algo toma acción masiva imperfecta, y ya luego vas arreglando en el camino.

El mundo ha cambiado, lo que antes tardaba 5 años ahora tarda uno y lo que tardaba uno ahora empieza a ocurrir en semanas y hasta días.

Si vives en el mundo de antes, donde todo tenía que estar perfecto para salir al mercado, habrá un montón de competidores que te pasarán por encima antes que hayas logrado levantar cabeza. La vida es ahora y aquí, además las cosas hechas con el impulso de la energía funcionan mejor que las que guardamos para después.

Cuando tienes un impulso debes actuar, y pasarán cosas que te cambiarán la vida.

Aplica esta premisa para todo. Si quieres ponerte una ropa nueva, hazlo ahora, no esperes a una situación especial, si quieres llamar a una persona llámala, no esperes a que te llame primero. Si quieres colocar un *post* en Instagram que parece que habla más de tu vida de lo que deberías, colócalo; no sabes a quién puede estar ayudando tu mensaje, y esto me lleva al siguiente y último punto, no por eso menos importante.

Sé autentico y coherente

Si vas a comenzar a gestionar una cuenta en Instagram, o quieres hacer que esta crezca, es muy importante que pienses en el objetivo que deseas lograr con esa acción y que te preguntes a quién satisface ese objetivo

¿Te satisface a ti?, ¿a tus amigos?, ¿a tu socio?, ¿a la sociedad que te rodea?

Tu idea de emprendimiento te debe hacer vibrar, si no lo hace, te recomiendo que te tomes una pausa para preguntarte qué es lo que te gusta, o busques ayuda. Entre esa ayuda está mi curso **VIVE DE TU**

PASIÓN, si aún no lo has tomado, puedes preguntarme si hay plazas abiertas en bettybettyga@gmail.com

No obstante, y si todavía no sabes a qué quieres dedicarte, una cuenta de Instagram también puede ser una buena terapia de autodescubrimiento, pues obviamente, tendrás que estar generando contenido para ella periódicamente, y en ese proceso te irás conociendo al darte cuenta que sentirás inclinación para hablar de unas cosas, mientras que de otras no, y es justo en ese momento cuando vas a descubrir aquello que realmente te apasiona.

¿Y por qué es tan importante trabajar en lo que nos apasiona? Por todo, cuando hacemos algo que nos gusta, todo lo demás empieza a ponerse en orden.

Nuestro trabajo es nuestra manera de cubrir nuestras necesidades básicas y nuestra manera de sobrevivir, pero también es nuestra autorrealización, el peldaño más alto de nuestras necesidades como raza humana. Es nuestra manera de contribuir, trascender y sentirnos útiles.

Cuando nos sentimos útiles y fluimos en lo que hacemos, la calidad de nuestros pensamientos eleva nuestras vibraciones, nos oxigenamos mejor, nos sentimos más creativos, con una autoestima más fuerte y en resumen más felices.

Los científicos han demostrado que sentir pasión por nuestro trabajo, enamorarnos de nuestros proyectos, produce una bioquímica similar a la que produce el enamorarnos de una persona, así que nos sentimos más fuertes que nunca.

Y esto puede durar toda la vida, si de verdad nos damos el tiempo de preguntarnos qué es lo que realmente nos gusta y nos permitimos fluir en ello y no en lo que nos dijeron que daba más dinero o en lo que los demás esperaban que hiciéramos.

Cuando sientes bienestar y eres coherente en un área importante de tu vida, las otras comienzan a ponerse en orden, porque tu autoestima se eleva y aprendes a entender que la vida puede ir como quieres tú y no como quiere ella.

Empiezas a experimentar sincronicidades, a elevar tu capacidad de percibir situaciones favorecedoras, a encontrarte con gente que te quiere ayudar y a ver cómo las semillas que vas sembrando florecen más rápido.

Cuando eres feliz con lo que haces, comienzas a soñar con nuevos proyectos, a tener ideas nuevas, se te quitan las ganas de dormir y, aun así te levantas de la cama con ánimo.
Recuerda, puedes convertirte en cualquier persona que desees ser para lograr lo que quieres lograr.

Para cerrar esta primera parte, te dejo con una de mis frases preferidas de vida, se ha dicho muchas veces, pero creo que nunca ha estado tan vigente como en estos tiempos, donde la vida cambia tan rápidamente, gracias a la tecnología y a una modificación forzada de la consciencia universal.

"Cuando nada es seguro todo es posible" Margaret Drabble.
No importa de dónde vienes, ni siquiera importa en dónde estás, lo único que realmente importa es a dónde quieres llegar.

Trabajemos en crear o revitalizar la cuenta de tu emprendimiento o marca personal. Trabajemos en crear tu vida, tu futuro, en volver tus sueños realidad.

CAPÍTULO 1

LA ESTRATEGIA

Tipos de marcas y problema que solucionan

En este capítulo sentaremos unas bases sólidas para construir tu cuenta. Y lo primero que debes preguntarte, es qué problema estás solucionando a tu consumidor con el servicio o producto que le ofreces, indiferentemente, si lo que quieres desarrollar es una marca personal, empresarial o una marca para un producto.

Pongamos un ejemplo para cada una de ellas:

MARCA PERSONAL: Digamos que eres nutricionista y en tus observaciones has descubierto que hay una nueva generación de mamás que eligen alimentar a sus hijos con productos sin procesar desde el momento en el que nacen, pero no saben muy bien cómo hacerlo, ni tampoco diferenciar entre alimentos NO procesados, semi procesados o ultrapocesados.

En este caso, decides desarrollar tu marca personal como nutricionista infantil, ofreciendo el servicio de guiar a las madres, acerca de la mejor manera de alimentar a sus hijos con estos productos, sin que corran el riesgo de atragantarse, o tengan algún déficit vitamínico.

MARCA EMPRESARIAL: Pongamos ahora un ejemplo de marca empresarial que a veces puede ser confundida con la marca del producto o servicio. Voy a explicar por qué viene esta confusión.

Digamos que tu empresa, se dedica a colocar alarmas de seguridad en hogares, y esa es tu única actividad comercial, en este caso, la marca del servicio y la marca de la empresa podría ser la misma y no hay ninguna confusión, porque vende una sola cosa, así que podrías usar tu marca empresarial para ese único producto o servicio que ofreces.

Sin embargo, digamos que ahora esta empresa decide dedicarse también a ofrecer un servicio nuevo que nada tiene que ver con la instalación de alarmas de seguridad, por ejemplo, digamos que ahora también se dedica a instalar cocinas de diseño, en ese caso, debes colocarle una marca con un nombre diferente y abrir una cuenta de Instagram nueva para este otro servicio o producto, y es a eso a lo que estoy llamando marca de producto o servicio.

MARCA DE PRODUCTO O SERVICIO: Para explicar la marca de producto o servicio voy a seleccionar el ejemplo de unos zapatos, impermeables, ideales para zonas de clima lluvioso y caliente a la vez.

Como puedes ver, en estos tres ejemplos, está bastante claro lo que se ofrece:

1) La **marca personal**, es una **nutricionista**, que ayuda a madres a introducir alimentos no procesados.
2) La **marca empresarial**, coloca **alarmas** de seguridad en hogares.
3) La **marca de producto o servicio**, ofrece **zapatos** impermeables y frescos.

Pero tal vez, tú no tengas una sola marca, tengas varias, y esto te confunde. Así que te voy a poner un ejemplo con una analogía, para que te sea fácil situar estas tres marcas en tu mente.

Imaginemos que tú eres el dueño de un edificio con varios apartamentos o pisos. Bien, pues el dueño del edificio vendría siendo la marca personal, es decir, tú. El edificio vendría siendo la marca empresarial. Y cada apartamento representaría a cada uno de tus productos o servicios, los cuales no deben mezclarse entre sí.

Pongamos ahora un ejemplo rápido de marcas reales, conocidas por la mayoría de la gente, y en este caso me encanta hablar de Steve Jobs, Cofundador de una de las marcas más importantes del mundo, Apple, creador de Pixar y máximo accionista individual de otra de las marcas más conocidas del mundo, Disney. En este caso sería así:

- **"Dueño del edificio":** Steve Jobs, al menos uno de los dueños.
- **"Los edificios":** Uno de sus edificios sería Apple, el otro fue Pixar y el otro Disney.
- **"Los apartamentos":** en el caso de Apple, vendrían siendo todos los productos y servicios que ofrece, como por ejemplo el IPod, el IPad, Apple TV o ITunes, entre otros.

  En su edificio *Pixar*, los apartamentos son *Toy Story, Los Increíbles, Monster Inc.,* etc.

  Y en su edificio Disney, del cual fue socio accionista, sus apartamentos van desde las películas hasta un crucero por el caribe.

Entendido esto, debes preguntarte cómo es tu marca, y si tienes varias marcas, por cuál tipo de marca quieres comenzar.

¿Quieres darte a conocer cómo marca personal, empresarial o tienes en mente la comercialización de un producto o servicio puntual que quieres que brille por sí solo, indiferentemente de la persona o la empresa que se encuentra detrás?

Ejercicio: Entendido esto, saca tu cuaderno de notas y escríbelo allí. Escribe cuál de estas tres marcas vas a desarrollar en Instagram.

No olvides que esto es solo para empezar por algo, pero en realidad, puedes tener todas las marcas que quieras, siempre y cuando se encuentren separadas, y sin generar confusión. Pues una de las leyes inmutables del marketing es la especialización. Cuanto más especializada sea tu marca, más respetada será y más credibilidad otorgará.

Ejercicio: Elegida una de ellas, o todas ellas, escribe qué ofrecerías en cada una, de manera clara y sencilla, tal como se encuentra en los ejemplos anteriores. ¿Ofrecerías tus servicios como profesional? ¿Quieres desarrollar la imagen de una empresa? O ¿quieres desarrollar un producto o servicio que no te involucre a ti?

Terminado este ejercicio, la segunda pregunta que te debes hacer es:

La persona a quien le hablas

¿Quién es tu consumidor objetivo? Y, aunque esta pregunta ya está respondida prácticamente en el ejercicio anterior, todavía no lo está del todo.

1) Por ejemplo, en el caso de la nutricionista (Marca personal): podríamos decir que su *target* son Madres con bebés entre 0 y 3 años de edad, de habla hispana que sean amantes de la alimentación saludable.
2) En el caso de la empresa de alarmas (Marca empresarial): podrían ser padres de familia, de estrato socioeconómico medio y alto, con casa de playa en la costa de Malibú.
3) Y en el caso de los zapatos (Marca de producto o servicio): el *target* podrían ser Hombres entre 25 y 35 años de edad que les gusta practicar senderismo en Latinoamérica.

Ejercicio: Ahora voy a pedirte que hagas este ejercicio para ti. Escribe ¿quién es tu consumidor objetivo? A quien le vas estar hablando la mayor parte del tiempo.

¿Es hombre o mujer? ¿En qué rango de edad se encuentra? ¿Qué nivel de estudios posee o a qué segmento socioeconómico pertenece? ¿Tiene hijos o no? en caso que esto sea relevante para tu marca.

Bien, terminado este ejercicio, vamos con un análisis un poco más profundo, acerca de tu *target* o consumidor objetivo, para eso quiero preguntarte: ¿Puedes personificarlo? Ponerle nombre, género, enumerar sus gustos, el tipo de cuentas que visita, etc.

Y en esta pregunta, la mayoría de los emprendedores muestran resistencia, argumentando que no pueden encerrar a su consumidor en una sola persona, debido a que son muchas personas diferentes las que comprarían su producto o servicio.

Por ejemplo, si hablamos de la nutricionista que se dirige a madres de bebés, ella podría argumentar que no quiere limitarse a dirigirse a madres de bebés ya que puede haber también padres hombres que la sigan y que tengan la misma necesidad de querer alimentar bien a sus hijos, o puede haber cuidadores de bebés, incluso otros nutricionistas que la siguen para aprender de ella. Seguramente, todo eso sea verdad, sin embargo, es importante que tu comunicación vaya dirigida a **un solo tipo de consumidor**, esto no impedirá que otros consumidores con la misma necesidad te sigan.

Pensar en un solo consumidor te ayudará a mantener una comunicación coherente la mayor parte del tiempo.

Ahora, voy a elegir a una de las tres marcas, de las cuales hemos venido hablando, y haré un ejercicio para definir a su consumidor objetivo, con la mayor cantidad de detalles posibles.

Para este ejercicio elegiré a la marca personal, la nutricionista. Procedamos a personalizar su *target*.

- La llamaremos Ana, obviamente es mujer.

- Tiene pareja.

- Tiene entre unos 25 y 35 años de edad.

- Hijos pequeños que todavía están en fase de conocer nuevos alimentos.

- Vive en un país de Latinoamérica.

- Habla español.

- Fue empleada de una empresa, pero ahora se dedica a cuidar a su bebé.

- Tiene mucho interés por temas relacionados con el bienestar, por productos de higiene para bebés, libres de químicos y libres de crueldad animal.

- Le gusta meditar.

- Quiere ofrecer una educación innovadora a su hijo, donde él aprenda a ser un ente de cambio dentro de la sociedad.

- Visita cuentas relacionadas con la salud física y mental del bebé, también comienza a visitar cuentas de nutricionistas veganos, y cuentas que ofrecen innovadores métodos de aprendizaje para niños pequeños.

- Adicionalmente, Ana es fácilmente influenciable por ciertas personalidades famosas que también tienen hijos criados bajo el esquema que a ella le gustaría criar a los suyos como por ejemplo, otros nutricionistas famosos con bebés, alguna estrella del mundo del yoga o del arte escénico que está un poco retirada de ese mundo y se ha concentrado en ser madre al igual que ella.

- Por último, digamos que Ana sueña con que su pequeño hijo sea una persona amable con el medio ambiente, con la gente que le rodea y que sea un empresario o empresaria independiente, con éxito en los negocios, pero sobre todas las cosas, que sea una persona que viva en equilibrio y que sea muy feliz.

Ejercicio: Bien, ahora hagamos este mismo ejercicio para tu marca:

- Nombre.
- Edad.
- Género.
- Lugar donde vive.
- Idioma.
- Estrato socioeconómico.
- ¿Tiene pareja o no?
- ¿Tiene hijos o no?
- Situación laboral: Es empleado, desempleado, emprendedor etc.
- ¿Cuáles son sus temas de interés?
- ¿Cuáles son sus marcas de interés?
- ¿Cuáles son las personas capaces de ejercer influencia en él o ella?
- ¿Cuáles son sus aspiraciones y sueños?
- ¿Cuáles son sus temores?
- ¿Cuál es su nivel de conocimiento en cuanto a los temas de los que habla tu marca?

Luego que hayas respondido todo esto, ya sabrás a quién hablarle, a quién dirigirte. Y esto te ayudará a convertirte en una marca con una comunicación coherente y clara, que hará sentir a tus consumidores y seguidores que le conoces, que son especiales para ti y que de verdad te importan.

Elemento diferenciador y posicionamiento

Ahora solo nos falta una cosa para terminar la construcción de la parte estratégica de tu marca, escribir el enunciado de tu posicionamiento.

Y ¿qué es un enunciado de posicionamiento?

Es, simplemente, un pequeño párrafo que te recordará cómo quieres que te vea el consumidor, esto ayudará a que nunca te pierdas en el camino, mientras desarrollas tu contenido.

Si te vas a dedicar a hacer algo que mucha gente hace, que es lo más seguro, tienes que buscar una palabra que te ayude a diferenciarte de tu competencia, esta es una de las leyes más importantes del marketing.

En el caso de nuestra nutricionista cuyo consumidor se llama Ana, su palabra podría ser NO PROCESADOS o, mejor aún, COMIDA REAL, aunque en este caso más bien es una frase.

Con esto está diciendo que ella no es una nutricionista "del montón", ella es especializada en COMIDA REAL, esto, ya es un indicador claro, de que nunca te mandará una tostada de pan con mantequilla y jugo de naranja para desayunar.

Con tan solo usar esta palabra, ella está descartando a una inmensa población de personas que se encuentran en Instagram buscando nutricionistas que le ayuden a rebajar de manera rápida, sin importar si el método es saludable o no.

En lugar de eso, ella estará atrayendo a personas que de verdad se encuentran interesadas en desarrollar hábitos de vida sanos, y eso es lo que realmente, va a resultar beneficioso para su negocio.

Lo que nos trae ventas, no es tener un montón de seguidores, lo que nos trae ventas en tener un montón de seguidores interesados en lo que nosotros ofrecemos.

Identificada nuestra palabra clave, trabajemos ahora en el desarrollo de nuestro posicionamiento, suponiendo que nuestra nutricionista estrella se llama **Caro Serrano**, y esa es la marca que quiere posicionar, es decir, su propio nombre, pues su posicionamiento podría ser algo como lo siguiente:

"Para madres, interesadas en aprender a alimentar de manera saludable a sus bebés, Caro Serrano es la primera nutricionista de habla hispana especializada en alimentación con **comida real** ideal para bebés, gracias a su larga experiencia en el estudio de los beneficios que ofrecen los alimentos no procesados".

Pongamos ahora un ejemplo de cómo podría construirse el posicionamiento para nuestra marca de zapatos, la cual he decidido que se llamará **Selvatierra**.

"Para hombres deportistas exigentes que practican senderismo, los nuevos zapatos **Selvatierra** son los únicos con sistema respirable, capaces de mantener los pies frescos en territorios mojados, sin que entre la humedad, gracias a su sistema avanzado de **tecnología vegetal**".

Si quisiéramos decir este enunciado de manera resumida, podríamos decir:

"Los primeros zapatos respirables para superficies mojadas elaborados con tecnología vegetal."

Luego de ver estos dos ejemplos, es hora de que hagamos tu propio posicionamiento.

Y para eso debo preguntarte ¿cómo quieres que te recuerde tu consumidor? ¿cuál es tu palabra clave? la que no está usando la competencia, la que te puede ayudar a que te vean diferente.

Por ejemplo, en mi caso, me enfoco en que mis consumidores logren emprender con éxito desarrollándose como mejores personas en el proceso, pues sé por experiencia propia que cuanto más evolucionamos, más herramientas tenemos para lograr nuestros objetivos, más felices nos sentimos y más somos capaces de atraer a nuestras vidas todo lo que soñamos.

Hablo mucho de redes neuronales en mis cursos y conferencias. Explico cómo reprogramarlas para convertirnos en la persona que realmente deseamos ser y así poder lograr lo que deseamos lograr.

Todo lo que hago está orientado al logro de objetivos y a la felicidad, así que mi palabra clave, con la cuál busco posicionarme constantemente en la mente del consumidor es NEUROFELICIDAD.

Soy experta en estrategias de negocios usando la reprogramación mental para la consecución de objetivos.

Ejercicio: ¿Cuál podría ser tu palabra clave? ¿cuál podría ser tu elemento diferenciador vs la competencia? Si no se te ocurre ninguna que parezca ideal, escribe varias, sigue avanzando y luego la incorporas más adelante.

Suponiendo que la hayas conseguido, vamos entonces, ahora sí, a trabajar sobre el posicionamiento, la manera que te recordará la forma cómo deseas que te vea la gente. Recuerda que esto no es para compartir con tu consumidor, esto es solo para que lo veas tú, es una guía, y aquí te dejo una estructura de enunciado, para que la rellenes con el nombre de tu marca, el de tu producto y tus elementos diferenciadores.

> **Ejercicio:** sustituye con tus datos, las frases encerradas entre paréntesis "Para (**menciona a tu** *target*) el (**menciona el producto**) es (**menciona tú un calificador distintivo como "único"** o **"inigualable", "mejor"** etc.) que ofrece (**elemento diferenciador creíble y razones por las cuáles es creíble lo que ofreces**)"

Terminado el posicionamiento, ya tienes una base sólida para comenzar a desarrollar tu marca en Instagram y en todos lados. Los cimientos de tu estructura de marca serán fuertes y te permitirán crecer con la altura a donde tus sueños te lleven.

Como ves, este curso va mucho más allá de decirte lo que debes hacer en Instagram, una consultoría con todo lo que acabamos de hacer, cuesta miles de dólares, pero tú ya la tienes lista.

- Ya sabes el problema que solucionas.
- Con qué tipo de marca vas a comenzar.
- Cómo es la persona a quien le hablas.
- Conoces tu palabra clave.
- Conoces tu elemento diferenciador.
- Tienes un enunciado de posicionamiento que te funcionará como guía en el desarrollo de tu negocio.

Ahora estamos listos para pasar al segundo episodio, allí hablaremos de la imagen que se derivará de todo lo que has construido hasta ahora.

CAPÍTULO 2

LA IMAGEN

En este segundo capítulo hablaremos de la imagen de tu marca.

- Los colores y el logotipo que previamente, debes haber creado para identificarte a ti, a tu empresa o a producto/servicio.

- Diseño del *feed*.

- De las *stories*.

- Trucos para tener buenas fotos.

- Los highlights o destacados.

- Del diseño de tu perfil.

- Las aplicaciones que necesitas.

- Y algunos trucos.

Pero antes de comenzar a hablar de todo eso, hablemos de los principales canales o formatos con los cuales cuenta Instagram para que tú puedas proyectar tu imagen de marca allí.

Canales y formatos

Instagram cuenta principalmente, con 5 canales que debes cuidar a la hora de proyectar tu imagen de marca, y para visualizarlo mejor, le he puesto a cada uno el nombre de una parte de la casa donde vives o el lugar donde trabajas.

El *feed* – La casa: El f*eed* es como tu casa, es lo primero que una persona ve si te busca por tu nombre o el nombre de tu cuenta en Instagram. Los *posts* o publicaciones en el *feed*, estarán allí de manera permanente, a menos que decidas borrarlos o archivarlos.
En él, puedes colocar imágenes de una en una o usar el formato de carrusel que te permite colocar hasta diez imágenes en la misma

publicación. También puedes publicar vídeos cortos en el formato de *reel*, o vídeos más largos en otros formatos. En estos vídeos puedes elegir una parte relevante como portada, para que se quede "congelada" en el *feed*, o puedes hacer una portada especial y ponérsela encima a la hora de publicar, para que tu *feed* se vea más armónico y atractivo, de eso hablaremos más adelante.

Los *stories* – La puerta de la calle: Allí puedes tener una imagen un poco más informal y menos elaborada, duran solo 24 horas y es como esa puerta de las tiendas que dicen "abierto" o "cerrado". Cuando alguien pasa por los *stories* y tú marca le aparece allí sin esperárselo, es como si pasara por la calle y se encontrara con la puerta de tu negocio y un gran cartel que dice "ABIERTO". Es probable que esa persona que vio tu puerta no pensara entrar, pero ahora que la ve decide entrar a comprar algo, o simplemente a conocer, ambas cosas son ganancia.

Lo mismo pasa en Instagram, es probable que la persona que te vio en los *stories* no tuviese intención de entrar a tu "casa" o a tu *feed*, pero ahora que te vio en los *stories*, sabe que estás "abierto", y la probabilidad de que decida entrar es muy superior a que decida ir por su cuenta a verte.

Recuerda que tu consumidor objetivo está bombardeado de estímulos, y por mucho que estés haciendo un trabajo espectacular con tu marca, la probabilidad de que se acuerde de ti sin ayuda, es muy baja. Tienes que estar en los *stories* a diario. Luego retomaremos el tema, para hablar de la frecuencia.

Los directos, o *live* – La fiesta en tu casa: Tal como su nombre lo dice, es una emisión en vivo y directo, y la puedes dejar guardada en tu *feed* permanentemente, o dejar que desaparezca cuando termine la transmisión. Antes duraban una hora como máximo, ahora duran hasta 4 horas, y la he llamado fiesta porque, al igual que una fiesta, esta herramienta es una puesta de energía en un momento específico del tiempo, dentro de la casa, y cuanta más gente vaya o se conecte, más beneficiosa será para tu cuenta.

Los directos son ideales para tener invitados que hablen en sus cuentas de temas parecidos a lo que tú hablas en tu cuenta pues, en ese momento, tiene lugar la transferencia de seguidores. Por ahora, puedes tener hasta 3 invitados en cada *live*.

Los Instagram TV – La Piscina: Una casa puede ser muy bonita y agradable sin piscina, de hecho, puede ser que nadie la eche en falta, sin embargo, la casa siempre tendrá un valor agregado muy interesante si tiene piscina. Lo mismo pasa con esta herramienta. Los Instagram TV, es la nueva versión de lo que antes se denominaba IGTV, son vídeos más largos que los que los *reel*, pero más cortos que los *live*, y también pueden quedar permanentemente en el *feed*. El tiempo de duración es de 60 minutos como máximo, esto varía si subes el vídeo de tu teléfono o desde el ordenador o computadora.

Entrar en una cuenta y descubrir que ofrece información de calidad en videos más largos que los pocos segundos que ofrece un *reel*, es como entrar en una casa y descubrir que tiene piscina, definitivamente, tu cuenta se verá más completa y trabajada, el usuario obtendrá más valor y querrá volver más veces.

Los *Reel* – La sala de cine en casa: ¿Cuánto tiempo de tu vida pasarías viendo una pantalla si tuvieses sala de cine en casa? Estos son los *reels*, vídeos de un máximo de 60 segundos que atrapan a los consumidores y los mantienen prácticamente hipnotizados en tu cuenta, por lo rápido que va la información y lo entretenidos que pueden llegar a ser. **Es el formato con más alcance** por ahora, ya que es la mejor forma que Instagram tiene de competir con el otro titan de las redes sociales: TikTok. Si tuvieses que elegir un solo formato, elige el *reel*.

Así que ahora piensa y compara, la diferencia que hay entre una casa bonita, y una casa bonita con piscina, sala de cine, fiestas todo el tiempo y, además, una puerta abierta que te está invitando a pasar constantemente.

Si quieres ser un "pro" del Instagram, no te límites a tener únicamente un *feed* bonito, ponle todos los "juguetes".

Los colores de tu marca

Ahora que sabemos todas las herramientas que tenemos para transmitir nuestro mensaje, que ya conoces claramente a tu consumidor objetivo y a sus temas de interés, te pregunto ¿Qué tipo de diseño crees que le gustaría ver en tu *feed*?

Y en este caso no solo importa lo que a tu consumidor le guste, también es importante lo que a ti te gusta, específicamente en el caso de marcas personales, solo así tu marca transmitirá una imagen que irá en línea con la persona que eres.

Aun así, recuerda que, si a él no le gusta, entonces, no te va a comprar.

Lamentablemente, si tus gustos y los de tu consumidor o seguidor difieren demasiado, tendrás que buscar la manera de complacerle si de verdad quieres vender tu imagen, tus productos o tus servicios.

Adicionalmente, al ser una red social basada en imágenes, de más está decir que **la belleza es importante para atraer, pero el contenido es importante para retener.**

Es exactamente igual a cuando nos gusta una persona, podemos sentirnos atraídos por su belleza, pero poco durará esa atracción si sentimos que no es capaz de mantener conversaciones con temas que sean relevantes para nosotros.

Sin embargo, cuando alguien que intenta llamar nuestra atención nos gusta, y además al hablarnos dice cosas interesantes puede que nos enamoremos y hasta nos casemos. Eso es lo que queremos lograr con nuestro consumidor, que se quiera "casar" con nuestra marca, que no quiera mirar a ningún otro lado.

Y ahora voy a sugerirte un nuevo ejercicio, para que puedas determinar mejor la imagen que acompañará tu marca en esta red social.

Ejercicio:
Busca 5 cuentas de tu competencia, y observa qué tipo de apariencia tienen y qué tipo de contenido comparten.

Luego busca 5 cuentas de categorías relacionadas con la tuya, por ejemplo, si vendes zapatos deportivos para senderismo, podrías ir a otras cuentas que vendan accesorios para el senderismo, ir a una que venda ropa para senderismo, a otra que venda alimentos nutricionales complementarios para personas que hacen deporte en la naturaleza, y a otra que dé trucos para conectarse con la naturaleza mientras hacemos deporte.

Por último, visita 5 cuentas que te inspiren, indiferentemente del tipo de categoría que trabajen. Cuentas que te haga feliz verlas.

Ahora observa que elementos comunes existen entre las 5 cuentas de tu competencia, las 5 cuentas con categorías parecidas a la tuya y, por último, fíjate qué cosas de esas cuentas que te inspiran podrías aplicar en tu categoría sin que ésta pierda la conexión con tu consumidor.

Cuándo hayas terminado este ejercicio tengo una nueva pregunta para ti: ¿qué colores vas a utilizar en tu cuenta?

Deben ser colores acordes con la categoría donde te vas a desarrollar, el *target* que pretendes conquistar y el mensaje que deseas transmitir.

Por ejemplo, si hablamos de nuestra nutricionista, lo más probable es que a su consumidora Ana le guste ver colores claros en su cuenta, especialmente un verde que represente la frescura de algunos alimentos no procesados y el blanco que representa lo inocuo. O tal vez sea buena idea, también, colocar colores intensos que reflejen la variedad de alimentos, las diferentes vitaminas asociadas a cada color y, sobre todo, lo divertidos y llamativos que estos alimentos pueden verse para sus bebés.

Visto así, puede que no sea buena idea colocar colores oscuros, fuego, cuchillos y cosas que tal vez quedarían muy bien en la página de un chef o de un restaurante de lujo.

A pesar que ambas cuentas hablan de comida, los consumidores objetivos son diferentes, los beneficios que se buscan y la experiencia asociada.

Y si hablamos del consumidor de zapatos para senderismo, al que vamos a llamar George, puede que sea buena idea usar colores tierra, o puede que más bien ya esté demasiado usado y que necesite ver que haces algo diferente para entender que de verdad eres tan único como dices.

En **general**, si nos fijamos en las marcas más importantes del mundo, suelen usar uno o dos colores "bandera", que suelen reposar y exaltar su esencia.

En internet puedes ver algún ejemplo de las marcas, sus colores y sus significados, simplemente coloca el Google, algo como "las marcas y sus colores", encontrarás varias interpretaciones. Aun así, hagamos el repaso de alguno de sus significados:

- **Negro**. Elegancia, sobriedad, autoridad.
- **Gris**. Confianza y sofisticación, suele ser un buen compañero para los colores principales de tu marca, al igual que el blanco.
- **Blanco**. Luz, limpieza, inocuo, sencillez, pureza, dieta.
- **Rojo**. Energía, pasión, intensidad, agresividad y también amor.
- **Rosa**. Ternura, sensibilidad, cariño, cuidado, delicadeza. En algunos contextos femenino.
- **Amarillo**. Felicidad, alegría, inteligencia. En algunos contextos masculino.
- **Naranja**. Apetito, creatividad, alegría.
- **Verde**. Cuidado ambiental, calma, frescura, paz.
- **Azul**. Confianza, transparencia, estabilidad y profundidad.
- **Morado**. Dinero, desarrollo, lujo, romanticismo y sofisticación.
- **Marrón**. Seguridad, solidez, calidez.

Espero que esto te haya ayudado a pensar en los colores que mejor representan tu marca. Luego que tengas tu imagen de marca, y hayas revisado algunas cuentas que te inspiren, tal como te lo pedí más atrás, estamos preparados para hablar de tu *feed* y darle forma, de manera que pueda cumplir con su objetivo principal: vender.

Cuando digo "vender", no me refiero a que la gente va a ir a comprarte allí, me refiero a que tu cuenta formará parte del "embudo" de tu proceso de venta.

A veces tu objetivo es, simplemente darte a conocer y construir una reputación. Generar confianza para que quienes compran tus productos en otra plataforma.

Otras veces el objetivo es que sea una especie de tienda online. Puede haber tantos objetivos como tipos de negocio existan.

Aun Así, la pregunta más importante qué debes hacerte, es ¿qué quiero que sienta mi consumidor cuándo me visite?

La otra pregunta es ¿qué información quiero que relacione conmigo? ¿acerca de qué quiero informarlo?, ¿para qué quiero que vaya hasta allí?

Si quiero que haga algo debo decírselo de alguna manera, ya sea directa o indirectamente.

Por otra parte, puede que eso que quiero que haga, sea dentro de la cuenta o fuera de ella, todo eso debe ser mostrado en tu cuenta de manera explícita.

Diseño del *Feed*

Existen muchos tipos de *feed*, tantos como se nos ocurra inventar, sin embargo, aquí muestro algunos de los principales, y también te diré por qué no recomiendo la mayoría de ellos, aunque todo depende de la categoría en la cual te encuentres.

FEED **HORIZONTAL**: Consiste en colocar fotos o imágenes similares en forma horizontal.

FEED **VERTICAL**: Consiste en que tu *feed* se vea ordenado colocando imágenes o fotos similares a lo largo de la pantalla, de manera que cuando tus seguidores se desplacen hacia abajo vean líneas de publicaciones agrupadas en un mismo estilo.

FEED **AJEDREZ**: Consiste en postear fotos intercaladas en forma de ajedrez, por ejemplo, una foto y un texto, una foto y un texto.

FEED ROMPECABEZAS: Consiste en subir una foto por partes, dividida en diferentes *posts* que solo darán forma a lo que se quiere mostrar cuando sean vistas en conjunto.

FEED CON MARCOS: cada foto lleva un marco, por ejemplo, cuando los marcos son blancos, produce una sensación de minimalismo y una clara separación entre cada *post*.

FEED MULTICOLOR: Donde los *post* o fotos no guardan una relación aparente entre sí, pero comparten una paleta de colores similares.

Aunque no es obligatorio elegir ninguna de estas estructuras para organizar tu *feed*, está comprobado que las personas tienen mayor disposición a seguirte si ven orden al visitar tu cuenta.

Este orden ayudará a que tu marca transmita más confianza. Recuerda que el *feed*, es la "casa" y si tu casa está ordenada los invitados desearán pasar más tiempo allí, y eso te conviene.

En ediciones anteriores no recomendaba el uso de ninguna de estas estructuras, ya que Instagram no poseía aún la funcionalidad de portadas subidas desde la galería de imágenes para vídeos en el *feed*, por lo cual elegir cualquier diseño de los que menciono anteriormente, se convertía en una auténtica "camisa de fuerza", ya que impedía al creador de contenido ser espontáneo en sus publicaciones, debido a que no se quería estropear las secuencias que daban vida a los diseños. Por fortuna, esto ha cambiado.

Hoy en día puedes colocar cualquier tipo de información que desees y posteriormente colocarle una portada que ayude a mantener tu *feed* ordenado, incluso luego de haber publicado puedes agregar una portada en el caso de los vídeos, cosa que antes no era posible.

Aún así existen estructuras de *feed* mucho más fáciles de manejar que otras. Desde mi punto de vista, los más amigables a la hora de crear contenido son: el vertical, el horizontal y el ajedrez.

El *feed* rompecabezas, nunca será la mejor recomendación debido a que los *posts* independientes no tienen significado por sí solos, y es así cómo los van a ver las personas en Instagram, de manera independiente. Para poder ver estas publicaciones integradas al rompecabezas o *puzzle* al cual pertenecen, el usuario deberá entrar a la cuenta que los ha publicado, lo cual es bastante improbable que suceda si tenemos en consideración la gran cantidad de estímulos a la que está expuesto constantemente en las redes sociales. Dicho de otra manera, no tendrá razones de peso para entrar a ver una publicación incompleta, siempre que pueda seguir desplazando hacia abajo y ver nuevas publicaciones completas.

En cuanto al *feed* con marcos, tampoco es recomendable, debido a que disminuye tu capacidad de exponer contenido. Cuánto más llene una publicación la foto de la pantalla, más capaz serás de lograr la atención del consumidor, por eso los *reels* y los *stories* tienen tanto éxito. No le robes capacidad de exposición a tus *posts* con marcos, o contornos, que no agregan valor.

Por último, el *feed* multicolor, no tendría nada de malo si lograses colocar todas las fotos siempre con la misma gama de colores, la elección del diseño de *feed* dependerá de lo que quieras transmitir y del tiempo que dispongas para crear, sin embargo, debes tener en cuenta que el tiempo de creación que inviertas, no es directamente proporcional a la cantidad de seguidores o ventas que tengas. Recuerda, mejor hecho que perfecto.

Elige un diseño bonito y práctico, capaz de agregar valor y transmitir información de la forma más clara posible, eso es lo que realmente valorará tu consumidor objetivo, a menos que tu negocio sea de arte, no pierdas tu tiempo haciendo una obra de arte en cada publicación.

Prepara plantillas que no roben tu tiempo vital y úsalas en cada publicación, un emprendimiento que te haga esclavo de las redes sociales, no es un emprendimiento saludable.

Por otra parte, no quiero cerrar este segmento sin aclarar, una vez más, que las estructuras de *feed* no son estrictamente necesarias para que tu marca en Instagram crezca, lo que si es necesario es una identidad de marca respetando estilos, formatos, fuentes, colores y, por supuesto, ofreciendo información de valor.

Aun así, mostrar una secuencia en tu *feed* será de mucha ayuda especialmente en tus comienzos, cuando todavía no has tenido la oportunidad de demostrar autoridad en un tema, y tampoco tienes prueba social que te respalde.

A continuación, te recomiendo 3 de las aplicaciones más usadas para planificar tu *feed*.

Unun, **Planoli** y **Preview**, son muy fáciles de usar y te ayudarán a organizar tu *feed* ofreciéndote una vista previa de cómo quedará.

Dicho esto, hablemos ahora de las fotografías e imagen, que como te he dicho serán el gancho principal para atraer a la audiencia que luego se quedará contigo, si además tienes un buen contenido.

¿Cómo podemos tener buenas fotografías a pesar de no tener la mejor cámara del mundo?

Pues si tienes una buena cámara y un buen programa de diseño en tu computadora, sería genial, pero si no es tu caso y solo tienes un teléfono móvil que saca fotos regulares, también hay opciones para ti.

Te voy a sugerir mis dos aplicaciones favoritas para editar fotos, que además son ideales para editar rostros lo cual, desde mi punto de vista, es lo más complicado. Estas aplicaciones se llaman **Spanseed** y **Picsart**.

Ya con ellas tendrás dos herramientas súper potentes para arreglar fotografías y también puedes explorar otras como **Lightroom** y **Afterlight** para jugar con variables como la iluminación y otros filtros, que ayuden a ver tus fotos antiguas, por ejemplo.

En cuanto a vídeos, te sugiero dos herramientas, **Inshot** y **Video Show**, en mi caso particular, el que más uso en video show: allí podrás acortar vídeos, incorporar fotografías y mezclarlas con tu vídeo. Puedes agregar canciones y modificar su volumen dependiendo si quieres que la melodía quede por encima del sonido natural del vídeo, por debajo o con el mismo volumen. En el caso de Video Show hay muchas canciones gratis de diferentes géneros y puedes comprar otras si las que están no te gustan.

También puedes poner filtros y muchas cosas más, sin embargo, hay algo importante que debes tener en cuenta, y es que la versión gratuita de estas dos aplicaciones coloca una marca de agua en una de las esquinas de tu vídeo, así que tienes dos opciones para eliminar esa marca de agua.

La primera y la más evidente, adquirir la versión paga. La segunda, totalmente gratis, descargar una aplicación que te ayude a recortar los bordes del vídeo, de manera que puedas cortar ese pedacito donde sale la marca de agua.

Y para eso te recomiendo la app gratuita para recortar bordes de vídeos o ajustarlos al tamaño que deseas, **Crop and trim video**, sin marca de agua.

Por último, **CapCut**, es ideal para subtitular tus vídeos.

Bien, ya hemos hablado de fotografía y de vídeos en el *feed*, hablemos ahora de cómo complementar estas fotos y vídeos creando diseños llamativos que te ayuden a diferenciarte, especialmente en tus *stories*.

Para eso voy a mostrarte las aplicaciones más versátiles, fáciles de usar y útiles que he encontrado hasta ahora.

La mayoría de estas aplicaciones son gratis, con una versión pro a la cuál puedes acceder pagando, sin embargo, considero que, al usarlas combinadas, no necesitarás pagar ninguna de ellas.

Aquí voy con las 4 primeras: **Adobe Spark Post, Canva, Over, Unfold.** Todas ellas te ofrecen diseños y plantillas que puedes combinar con tus fotos y tus vídeos.

Algunas también tienen banco de imágenes y te permiten musicalizar tus *stories* accediendo a fuentes de música diferentes a las que ofrece Instagram, por ejemplo, Spotify. Sin embargo, te sugiero que uses la música de Instagram directamente, eligiendo siempre la que se encuentra en tendencia, ya que el algoritmo de esta plataforma favorecerá toda aquella publicación con la música de "moda" dentro de esta red social.

Estas aplicaciones puedes descargarlas en tu teléfono móvil y ver con cuáles de ellas te sientes más cómodo, o cómoda, y comenzar a usarlas ahora mismo.

Adicionalmente, hay una aplicación que me gusta mucho para dar movilidad a los *stories*, se llama **Mojo** y, al igual que las demás, tiene su versión gratuita y paga. Con ella puedes hacer composiciones fotográficas en movimiento, es decir, un collage. Cambiar las fuentes, los colores, etc.

Por último, y si quieres hacer algo realmente diferente, te sugiero **Life Lapse**, esta aplicación te permite hacer *stop motion* a diferentes velocidades y es ideal para quienes comercializan productos tangibles. Pueden hacer diferentes y creativas composiciones con ellos para hacer que la cuenta sea más divertida.

También es ideal para documentar procesos como, por ejemplo, la elaboración de una prenda de vestir, un accesorio, una receta de cocina, la evolución de un embarazo, un viaje, la preparación de un evento, entre otras cosas.

Bien y ahora hay otros trucos que me gustaría enseñarte para elaborar tus *stories*.

Por ejemplo, digamos que quieres colocar un audio que tienes pregrabado, pero no quieres que se vea la imagen que corresponde a ese audio, que bien podría ser, una nota de voz en tu WhatsApp o un vídeo que alguien te ha enviado, y cuya imagen quieres proteger.

Un buen ejemplo de esto podría ser un testimonio o un agradecimiento que alguien te ha enviado, pero no quieres mostrar su cara.

Para esto vas a necesitar una aplicación que te ayude a grabar la pantalla de tu teléfono móvil.

En este caso te recomiendo **DU Record** es una app muy básica, sencilla e intuitiva, luego que la descargues, simplemente vas accionar el modo de grabación y activas el audio que quieres capturar en el vídeo.

Cuando hayas terminado de grabarlo, paras dicha grabación y vas a los archivos de la aplicación, seleccionas el audio, lo subes a los *stories* de

IG como un vídeo normal, lo tapas coloreando la totalidad de la pantalla con el color de tu preferencia y luego, simplemente, agregas un *gif* o ícono que indique que ese *story* tiene sonido, para que las personas que ven los *stories* en silencio, sepan que ahí hay un mensaje.

Adicionalmente, hay muchas otras cosas que puedes hacer en tus *stories* sin necesidad de contar con ninguna aplicación, todo es cuestión de tiempo, interés y creatividad.

Stories

Hablemos ahora de los *stories*, una de las herramientas más importantes de Instagram.

Es el lugar donde más tiempo debes permanecer, como mínimo una vez al día, algunos expertos del marketing digital, opinan que un mínimo de 3 veces al día sin superar los 10 cuadros por *story*, pero la verdad, es que no hay una receta única, lo importante que estés presente todos los días con la mayor cantidad de contenido valioso posible.

Tal como lo expliqué antes, si tu negocio fuese un lugar físico, los *stories* vendrían siendo algo así como la puerta de entrada con un cartel que dice "estamos abiertos", cuando no hay *stories*, es como si tuvieses un cartel diciendo "estamos cerrados" o peor aún, a diferencia de una tienda física donde la gente pasa y la ve, ya sea que esta está abierta o cerrada, en Instagram ni siquiera te van a ver si los *stories* no están a diario.

Ya sé que esto suena muy demandante, la buena noticia es que nadie está esperando contenido perfectamente editado allí, la gente sabe que se va a encontrar con tu parte más espontánea, y eso está bien. Aun así, de más está decir, que cuanto más creativos sean tus *stories*, mucho mejor. Si quieres que te visiten, tienes que mostrar en la "calle" lo que tienes en tu casa, mostrando en tus *stories* cada publicación nueva que hagas en tu *feed*.

Para usar esta funcionalidad, te diriges a al *post* que quieres mostrar en los *stories*, presionas el avión que está debajo, luego le das "añadir publicación a tu historia", y luego lo adornas poniéndole un gif que diga nuevo *post* y otro gif que le haga entender a la gente que, si presiona sobre la foto, va a poder ver el *post*.

De pronto puede parecer demasiado explícito, pero, con tantos estímulos en las RRSS, los consumidores necesitan llamados a la acción claros, tienes milésimas de segundos para que tus consumidores decidan pararse a ver tu *post* o seguir viendo *stories*, si no lo ven fácil no van a parar.

Otra manera de aumentar la posibilidad de que el los usuarios de IG vean tus *posts*, es usando carruseles. De esta manera, dicho *post* aparecerá varias veces en la pantalla principal de los usuarios, al menos tres veces cuando, normalmente, aparece una.

Un carrusel, es simplemente, poner más de una foto en un mismo *post* y es muy fácil. Simplemente, desde IG, entras a tu galería de fotos, como siempre que vas a seleccionar una imagen, presionas el ícono que se encuentra en esa imagen abajo a la derecha, y luego puedes seleccionar 9 fotos más, un total de 10, que se mostrarán en el orden que las elegiste, siempre y cuando los usuarios deslicen con el dedo para verlas.

Lo usuarios sabrán que en tu *post* hay más de una imagen, porque lo van a ver en la esquina superior derecha de tu *post*.

Una de las funcionalidades más importantes de los *stories*, es que es el **único lugar de Instagram**, aparte del perfil, en donde puedes colocar *links* o enlaces, y esto es extremadamente valioso e importante.

Puedes colocar un enlace en cada *story* si lo deseas, y puedes mostrar el *link* tal y como es, o colocarle un título que lo haga más claro y atractivo como, por ejemplo: "Mi canal de YouTube", "Comprar", "Nuevo episodio", "Tienda online", "Ver aquí", "Ver ahora", etc.

Anteriormente, solo las cuentas con más de diez mil seguidores, o perfiles verificados, tenían acceso a esta función, hoy en día está abierta para todos los usuarios y es muy fácil de implementar.

Simplemente, crea un *story*, y posteriormente realiza un movimiento con tu dedo hacia arriba para descubrir el menú que se oculta en la parte inferior. Elije la función "Enlace", pega el enlace externo que previamente debes haber copiado al porta papel, y si lo deseas personalízalo dándole un título especial que podrás colocar en la parte de abajo de ese mismo apartado.

Esta funcionalidad es la mejor forma que existe de llevar usuarios a sitios de interés fuera de Instagram, por ejemplo, una página web, una tienda online o cualquier otra red social, por ejemplo, tu canal de YouTube o tu cuenta de TikTok, así como un nuevo episodio de tu podcast en Spotify o cualquier otro sitio que quieras promocionar y que se encuentre fuera de la plataforma.

Considera que, para que un usuario decida salir de la plataforma, es necesario que la explicación en ese *story* sea lo suficientemente convincente. Nadie presionará ese enlace sin tener al menos una mínima idea de lo que se va a encontrar al otro lado.

Lives

Esto es ideal para que des una charla, ofrezcas una sesión de preguntas y respuestas, y hasta puedas hacer entrevistas online, ya que puedes invitar a otra persona, incluso hasta tres personas.

Es una herramienta perfecta para ofrecer contenido de valor a tus seguidores, pero en grandes cantidades, no con la limitación de tiempo del *feed*, los *stories* o los *reels*.

Tener un invitado aquí, no solo te servirá para ofrecer información de valor, sin que todo provenga de ti obligatoriamente. Tal como lo expliqué antes, esta unión también te servirá para que haya una transferencia de seguidores de lado y lado, aunque no siempre sea así.

Dicho de otra manera, cuando invitas a alguien, te haces visible ante sus seguidores en el momento que se encuentren en vivo y viceversa. Así que, si el tema es de interés tanto para tu audiencia como para la de tu invitado, él podría ganar seguidores gracias a ti y tú gracias a él.

La duración de los IG *live* en este momento, es de 4 horas como máximo. Luego de terminar tu transmisión en vivo, puedes elegir la opción de guardarla para que quede por tiempo indefinido en tu *feed*, o puedes eliminarla.

Instagram TV

Es otra herramienta que sacó IG para competir directamente con YouTube, allí puedes subir vídeos de hasta una hora, por ahora.

Los vídeos de esta herramienta, anteriormente solo se podían publicar en formato vertical, sin embargo, hoy en día también se pueden hacer publicaciones en formato horizontal, aunque no se ven tan bien como las otras, ya que no llenan la pantalla.

Post y carruseles

Los *posts*, o publicaciones, con una sola imagen, son el formato primario con el que Instagram comenzó, hoy en día el de menos alcance de todos, aún así puedes utilizarlos de vez en cuando para transmitir ideas cortas o momentos que quieras congelar o inmortalizar. En este caso, recuerda usar fotografías de muy alta calidad, con una buena nitidez, brillo y saturación.

Los carruseles, tal como se explicó anteriormente, son publicaciones con más de una imagen que puede desplazarse con el dedo hasta la izquierda. Puedes colocar hasta 10 imágenes y son el segundo formato con más alcance luego de los *reels*, debido a que muestra hasta 3 veces la misma publicación a un mismo usuario (enseñando las tres primeras imágenes que componen el carrusel de cada vez), lo cual multiplica por tres la posibilidad de captar la atención del usuario.

Como regla general para todas las publicaciones en todos los formatos de Instagram deja siempre una invitación a guardar, compartir, dar me gusta y comentar, especialmente "guardar".

También deja un llamado a la acción para que el usuario haga lo que tú desearías que haga, por ejemplo:

"Inscríbete en el enlace del perfil"
"Cuéntame cómo ha sido en tu caso"
"Dime cuál es tu favorito en la descripción"
"Aprende más de este tema descargando el e-book en el enlace de mi perfil" etc.

Reels

Finalmente, hablaremos de los reels, el formato con más alcance, por ahora, creado por Instagram para competir directamente con TikTok.

Este formato te permite realizar videos cortos y creativos, con una duración máxima de 60 segundos. Es la opción ideal para transmitir pequeñas dosis de información con constancia, de manera divertida y musicalizada.

Los *reels* serán mostrados a más gente y más veces que ningún otro tipo de publicación, si deseas crecer con rapidez y agregando la mayor cantidad de valor posible, en la menor cantidad de tiempo posible, ¡este es tu formato!

No tienes que bailar, no tienes que cantar, no tienes que doblar voces si no quieres, aunque todas esas opciones son válidas y muy entretenidas.

Los *reels* pueden usarse para proveer micro dosis de información relacionada con tu negocio. En ellos puedes hablar subtitulando o sin subtitular, puedes colocar tu imagen con música de fondo, utilizar imágenes o vídeos de bancos de imagen, libres de uso, y colocarle un mensaje capaz de solucionar algún problema para tu consumidor objetivo, inspirarle o motivarle.

Para que un *reel* rea exitoso y tenga la posibilidad de volverse viral atrayendo grandes cantidades de nuevos consumidores y prospectos a tu perfil, debes tener en cuenta las siguientes sugerencias:

1) **Hazlos cortos.** Cuanto más corto sea el *reel* mejor, procura que sea inferior a los 10 segundos. Esto no quiere decir que todos tus *reels* deben tener esta característica, pero es lo ideal.
2) **Coloca una imagen o un título impactante, capaz de generar expectativa, en los tres primeros segundos de la pieza.** Cuantos más estímulos tenemos menos tiempo nos

detenemos en cada estímulo, es por esto que la manera de comunicarse ha cambiado tanto en los últimos años. Cuando antes una presentación ideal comenzaba con "Hola, me llamo…" hoy en día una presentación ideal debe comenzar con una pregunta o idea disruptiva que le haga sentir al consumidor que realmente le vas a cambiar o solucionar algo, solo así aumentas la probabilidad de que te dedique los siguientes 5 segundos de su existencia.

3) **Agrega texto descriptivo:** Procura colocar un texto descriptivo que amplíe la idea introductoria que muestras en el *reel*. Este texto debe ser interesante, bien espaciado y fácil de leer, con íconos llamativos, separando en párrafos cortos y puntualizando las ideas. También debe ser lo suficientemente largo como para que el *reel* se reproduzca la mayor cantidad de veces mientras el usuario lee el texto de la descripción, cada vez que se reproduzca de nuevo contará como una nueva visualización.

Cuantas más visualizaciones tenga tu pieza, más lo mostrará Instagram a nuevas personas y más posibilidad tendrás de crecer y atraer nuevos clientes a tu cuenta.

4) **Usa música en tendencia.** Esta música se elige cuando estás creando el *reel*, y puedes ver las diferentes opciones disponibles presionando el ícono con la nota musical. Elige una de las primeras canciones que Instagram te propone en la lista y, revisa antes, que ya haya sido usada para una gran cantidad de *reels*, eso es un indicador de que esa canción está gustando.

Evita las canciones o sonidos que se hayan usado para pocos *reels* y también las que hayan sido usados para millones de *reels*, elige canciones con una demanda intermedia.

Las canciones que se usan poco no gustan lo suficiente, las que se usan demasiado harán que te pierdas en el "mar" de los *reels* con esa misma música, pocas personas podrán llegar a verte.

No te preocupes demasiado porque la letra de la música no se encuentre muy relacionada con lo que estás escribiendo, siempre y cuando tampoco vaya en contra, lo más importante es que el algoritmo de Instagram muestre tu pieza, gracias a esa canción.

5) **Aumenta la exposición:** Recuerda compartir el *reel* siempre en tus *stories,* colocando un *gif* que invite a presionar la publicación. Esto será de ayuda para que más personas lo vean.

6) **Portada:** Asegúrate de elegir la parte más representativa de tu vídeo para colocarla como la portada en tu *feed.* Esta selección se hace justo antes de publicar, haciendo *click* en la miniatura del vídeo donde dice "portada".

Si no hay ninguna parte del vídeo que te guste, te parezca apropiada o encaje con el diseño que has elegido para tu *feed*, puedes diseñar una portada y subirla desde la galería, incluso luego de haber publicado el *reel*, Instagram te da la opción de cambiar la portada.

7) **Invitación:** Tal como lo he comentado en la sección anterior, es importante que siempre al final del texto de tus piezas invites al usuario a guardar la publicación, compartirla, dar "me gusta" y comentar. También es importante que dejes un llamado a la acción.

No te "cortes" con la elaboración de *reels*, la originalidad y autenticidad son muy valoradas, no eres menos profesional por buscar maneras creativas de comunicar lo que sabes, o lo que vendes, son paradigmas del pasado.

Recuerda que el cerebro aprende mejor si se está divirtiendo y si quieres que te recuerden, la creatividad es importante. No importa si eres un médico, abogado, coach, mentor, nutricionista o escritor. Tampoco importa si vendes joyas, plantas, zapatos, cursos o libros, tus consumidores siempre van a preferir ver algo bonito y divertido que algo que se vea muy profesional pero también muy aburrido.

Si quieres competir en el mundo de las redes sociales, debes saber que estás compitiendo en el mundo de las emociones.

Destacados o *Highlights*

Bien, y continuamos con el tema de imagen. Hemos hablado de los *posts* y el *feed*, de los *stories*, los directos, Instagram TV y los *reels*, también de las aplicaciones que nos pueden ayudar a elevar su nivel.

Hablemos ahora de los *highlights* o los destacados. En este caso, me refiero a esos circulitos que están justo debajo de la descripción de tu perfil.

Los destacados son grupos de historias que, previamente, has publicado y que deseas que permanezcan en tu perfil por tiempo indefinido, hasta que tú lo decidas.

Allí puedes guardar ordenadamente, esos *stories* que no quieres borrar, ya sea porque tienen información importante acerca de ti o de tu negocio o, simplemente, porque te parece interesante compartirlos de una manera permanente en tu cuenta. Esta herramienta puede funcionar como tarjeta de presentación para quienes llegan por primera vez a tu cuenta.

Por ejemplo, puedes tener un destacado que hable de tu historia o la de tu empresa, que muestre a tu equipo, uno donde compartas recursos que han sido útiles para ti, por ejemplo, libros.

Otro donde pongas tus productos o servicios, incluso, su proceso de elaboración si consideras que esto es importante compartirlo, también puedes tener testimonios de clientes.

Puedes compartir allí aspectos de tu vida que humanicen tu cuenta, para que la gente te conozca mejor, por ejemplo, los viajes que haces, los logros que has obtenido, cursos que has tomado, etc.

En fin, todas aquellas historias que desees mantener, permanentemente, de manera que cuando una persona entre a tu cuenta no tenga que ver todo el *feed* para saber quién eres, o depender de las historias que han sido publicadas ese día que ha empezado a seguirte. Simplemente, podrán ir a tus destacados y ahorrar tiempo, si su objetivo es conocerte mejor.

En cuanto a esta herramienta, es importante que sepas que cada *highlight* está compuesto de un máximo de 100 *stories* y que puedes hacer más atractivos estos destacados cambiando su *cover* o su portada.

Para cambiar su portada, puedes hacer diseños personalizados usando cualquiera de las aplicaciones que te comenté antes, tales como por ejemplo **Adobe Spark Post, Canva, Over Unfold.**

También puedes, simplemente, diseñar una imagen en Power Point, descargando fondos e íconos de Google y de Pinterest, guardar ese diseño como archivo png y mandarlo a tu teléfono móvil.

O puedes hacer algo mucho más fácil que todo eso, y es usar los recursos de Instagram, que desde mi punto de vista eso está perfecto para empezar.

Lo más importante a entender para hacer todo esto es que todo aquello que quieras incluir en la portada o cubierta de tu *highlight* o destacado, debe haber sido publicado previamente en tus *stories*, sin importar la fecha en la cual lo hayas hecho, pero debe estar en tu historial.

Y ya para terminar con los destacados, voy a enseñarte un pequeño truco más. Te voy a enseñar a cambiarlos de orden, ya que es posible que, si tu primer destacado fue con información que realmente es importante para ti, quieras tenerlo de primero y no de último.

Lo único que debes hacer es entrar en el destacado que quieres poner al principio y hacer cualquier modificación, por ejemplo, agregar o quitar un *story*. Al guardar, el circulo correspondiente a ese destacado que modificaste, se posicionará de primero.

Perfil

Pasemos ahora a un último punto por tocar, dentro de todo lo que tiene que ver con la apariencia de tu cuenta, pero no menos importante que todos los demás. Me refiero a la foto y descripción del perfil.

FOTO: En primer lugar, si estamos hablando de tu cuenta personal y vas a colocar una foto tuya, es muy importante que la foto se encuentre relacionada con lo que haces, por ejemplo, si eres odontóloga y tienes muy buenas fotos en traje de baño, tal vez no sea buena idea ponerlas, quizá una foto en bata blanca sea más adecuada o simplemente con una ropa normal de vestir. Tampoco es necesario que pongas una foto trabajando como odontóloga, y aquí viene la segunda recomendación.

Procura que las fotos NO incluyan demasiados elementos, porque el espacio que tienes para mostrar esa foto es muy pequeño y puede que no se entienda bien la actividad que estás haciendo en ella si fuese el caso. Así que, simplemente, una foto de tu cara o medio cuerpo estaría bastante bien.

Por otra parte, las fotos deben ser nítidas, claras y con cierto contraste y saturación para que tengan un aspecto profesional y resalten, aunque hayan sido sacadas con la cámara del teléfono móvil. Todo esto puedes lograrlo con las aplicaciones para editar fotos que te he enseñado, por ejemplo, **Picsart y Snapseed.**

Por otra parte, es aconsejable que salgas solo o sola en la foto de perfil, pues el espacio es muy pequeño para que se pueda identificar más de un rostro.

Es aconsejable que los fondos sean sólidos o con pocos elementos, para que no compitan con tu rostro, y también es aconsejable que evites colocarle filtros que difuminen tus rasgos.

En caso de que tu imagen de perfil quieras ocuparla con un logotipo, ya sea de tu empresa o de uno de tus productos, es importante que no coloques letras demasiado pequeñas y difíciles de leer, también es importante que no haya elementos gráficos que compitan con DICHO logotipo., de hecho, si tu logo tiene muchos detalles, procura usar una versión simplificada.

La imagen debe ser limpia, clara, legible. Allí no es lugar para poner *tag line* o *selling line*, esas frases que a veces acompañan a nuestras marcas.

Por último, lo que nunca jamás debes hacer, es dejar el espacio para la foto vacío.

NOMBRES Y DOMINIOS: Sé que hoy en día está cada vez más difícil encontrar un dominio pegadizo para nuestra cuenta, uno que ya no se encuentre tomado por otra persona, y que a la vez mencione a nuestra marca o transmita algún atributo relacionado con el mensaje que deseamos entregar. Sin embargo, hay algo que sí podemos elegir siempre, y es colocar nuestro nombre, o el nombre de nuestra empresa, en la descripción del perfil, y eso es imprescindible.

El nombre de marca que elijas para darte a conocer tiene que ir obligatoriamente escrito en algún lado visible, suponiendo que no estuviese disponible para que tu cuenta se llamase así.

En cuanto a los nombres de cuenta evita usar combinaciones complicadas y difíciles de recordar, con símbolos, números y otras cosas.

Si, por ejemplo, tu nombre es María Pérez o Jorge Méndez y el dominio que quieres usar está tomado por otra persona, tienes varias opciones:

La primera, hacerle una variante a tu nombre, una con la cual te sientas cómodo, por ejemplo, Maripé, combinación de María y de Pérez, pero ten en cuenta que la gente comenzará a llamarte así. También puedes hacer una variante de tu nombre, al inglés. Si te llamas Enrique Martín, pues comenzar a llamarte Ricky Martin, este es un caso que todos conocemos, pero no solo los famosos lo usan.

Otra opción es combinar tu nombre con alguna palabra relacionada con lo que haces, esto es muy usado en Instagram, por ejemplo, Nutrillermo, JorgeSaludable, Sachafitness etc.

Si eres instructor de gimnasio, y te llamas Tony, podrías ponerte TonyBody, si puedes convivir con eso, claro está.

Sin embargo, nunca jamás olvides colocar tu nombre, el verdadero, en tu perfil. Habrá momentos que quieras que te reconozcan como Tony Pérez el experto en desarrollar cuerpos perfectos, y no como Tony Body, haciendo eso corres el riesgo que la gente nunca sepa tu verdadero nombre, y si algún día cambias de actividad o de red social, tal vez sea extraño para ti que te sigan llamando así.

Por último, si lo que quieres registrar es el nombre de tu marca, pero ya está tomado, puedes recurrir a ciertos trucos, por ejemplo, usar un símbolo como un punto o guion, en el medio de la palabra o al final, por ejemplo @bea_garcia, @beagarcia_, o también @_beagarcia.

DESCRIPCION DEL PERFIL: Lo más importante allí es que escribas lo que haces y para quién lo haces, por ejemplo, en el caso de nuestra nutricionista "Nutrición para Bebés", o "Marketing digital para emprendedores", si fuese el caso de una empresa. O si fuese el caso de productos, podría ser algo así como "Suplementos alimenticios para deportistas de alto desempeño".

Luego, también es importante que coloques datos que representen quién eres y ayuden a validar que eres una persona o marca real que sabe lo que hace, pueden ser datos numéricos, como por ejemplo más de 200 mil copias vendidas, o *Bestseller* en Amazon, si eres un escritor.

Datos inspiradores, como por ejemplo "sobreviviente de cáncer" o "madre de 4 y emprendedora", también usar frases cortas que te describan como por ejemplo "sana tu cuerpo, sana tu vida".

Puedes colocar premios que hayas recibido, por ejemplo, premio a la emprendedora del año, o incluso algún dato gracioso, especialmente si te dedicas a hacer comedia.

ENLACE O LINK DEL PERFIL: Por último, tienes un espacio para colocar un único link o enlace que puedes aprovechar para llevar a tus consumidores a donde tú desees. Puedes ser a tu web, a un *webinar* o entrenamiento, a una tienda online o a donde lo necesites.

Existe una manera de que a través del link que colocas allí, tus seguidores puedan acceder a otros links, y es a través de la aplicación **Linktree.**

Allí solo tienes que registrarte, y podrás colocar hasta 5 links, por ejemplo: tu web, tu canal de YouTube, un grupo de Telegram, invitación a un *webinar* o a tu podcast.

En resumen, tu perfil debe contener foto nítida, dominio fácil de leer, el nombre por el cual quieres darte a conocer. Adicionalmente, debe decir lo que eres o a que te dedicas, para que las personas sepan cómo puedes ayudarle.

Bien, y con todo esto hemos cubierto el espectro de todos los temas relacionados con la imagen de tu marca, o tus marcas en Instagram.

Hablamos del tipo de colores que debes usar según tu categoría, del *feed*, los *stories*, IGTV, los *reels*, los directos, edición de imagen, edición de vídeos, apariencia de foto de perfil, descripción de perfil y los *highlights*.

Hablemos ahora de contenido.

CAPÍTULO 3

EL CONTENIDO

En este tercer capítulo hablaremos del contenido que tu consumidor quiere ver en tu cuenta:

- Forma de escribirlo.
- ¿Hablar de tu Vida personal o no?
- La frecuencia con la cual debes escribir.
- Cómo evitar la fatiga creativa.
- Cómo usar los hashtags.

Los *insights*

Todo esto partiendo de algo que ya dijimos antes, y es que, si bien las fotos son muy importantes en esta red social, más importante aún es el contenido. En otras palabras, el contenido es el rey

Y para empezar, es importante hablar de qué tipo de contenido produce viralización, interacción y cualquier otra cosa que haga ruido y permita que más personas nos vean.

Pues el contenido perfecto es todo aquel que sea capaz de mover y sacudir emociones. Todo aquel con el cual el consumidor se sienta identificado porque lo relaciona con sus propias experiencias de vida, a esto se le llama *insight*.

Un *insight* es una verdad sobre el consumidor, y cuanto más difícil es de encontrar más diferenciación puede hacer que te veas versus tu competencia.

Los *insight*, se encuentran haciendo estudios, preguntando y observando, para esto Instagram es un gran lugar ideal para el aprendizaje, ya que no solo puedes observar lo que sucede en cuentas parecidas a la tuya, ver lo que opinan los seguidores, sino que además tienes en tus *stories* varias herramientas para hacer dichas preguntas, al menos tres herramientas en sus *stories*: **preguntas, encuesta y cuestionarios**.

Cuando observas y preguntas obtienes esos *insights* que tanto necesitas para darle a tu público lo que tanto necesita él. Los comediantes son expertos en este tipo de hallazgos, cada vez que ves un sketch y sonríes cuando escuchas que una madre dice "mientras vivas en esta casa se hace lo que yo diga" o te sientes identificado con cualquier otra situación parecida a lo que fue o es tu realidad, no es casualidad, detrás de todo ese trabajo hay mucha observación.

Imagina por un momento que te gusta alguien y quieres conquistarle para que sea tu pareja, pero no tienes ni idea de lo que le gusta, en este caso escuchar lo que dice, observar cómo se comporta, ver con quien se reúne, que cosas le molestan, cuáles son sus temores y preguntarle algunas cosas de vez en cuando te ayudarán a saber qué tipo de actividades puedes ofrecerle, de que temas podrías hablarle y a dónde puedes invitarle.

Con tu consumidor pasa lo mismo, cada una de esas pequeñas cosas que descubres de él es un *insight*, y luego que tienes muchos, puedes usarlos de diversas maneras, todas ellas para complacer y cubrir sus necesidades y problemas.

En este caso, te conviene saber que el contenido que mejor se viraliza es el relacionado con la sorpresa, la risa y el entretenimiento, así que sin importar el tema del que vayas a tratar, recuerda que, si puedes matizarlo con humor, sorpresa y hacerlo ameno, siempre te irá mejor y tendrás más posibilidad de que tu contenido se expanda.

Por otra parte, emociones como la rabia o la tristeza, también pueden ser virales, sin embargo, no son rentables. Lo que quiero decir con esto, es que si bien te pueden ayudar a tener visibilidad y a dejarle ver a tus seguidores que eres un ser humano que siente dolor, y que no eres indiferente al sufrimiento colectivo o a las cosas tristes que puedan estar pasando en el mundo, también es cierto que la gente no se va a quedar mucho tiempo contigo si tu contenido se centra en ese tipo de emociones, recuerda que la naturaleza del ser humano es alejarse del dolor.

Recuerdo en una oportunidad, cuando puse un *post* por la muerte de mis abuelos, había sido un día de mucha reflexión para mí, y decidí compartir lo que sentía. Ese fue uno de las publicaciones con más comentarios y *likes* que he tenido. Eso no quiere decir que la gente prefiera que le hable de muerte y dolor en el día a día, solo quiere decir que están demostrando su empatía para conmigo, no debe tomarse como un indicador de preferencias.

Otra cosa importante es que se ha demostrado que los *posts* con un texto largo tienen mejores resultados y mayor interacción que los que tienen textos muy cortos, siempre y cuando los párrafos se encuentren espaciados y sean cortos, dando la sensación de que es poco texto.
Es importante entender que al consumidor no le gustan los textos largos solo por el hecho de ser largos, le gustan porque se profundiza en temas que pueden ser de su interés, porque le resuelven problemas o le aportan información de valor.

Algo importante para hacer estos textos más amigables, es que uses recursos gráficos en la redacción, esto ayuda a que el texto no se vea amontonado, me refiero a emoticones o íconos durante la escritura.

Otra cosa que le gusta al consumidor de IG son las infografías, lo cual viene siendo una representación visual informativa o, diagrama de texto escrito, que resume o disminuye la necesidad de leer.

También gustan las listas de cosas, especialmente las de 10 cosas.
Adicionalmente, está comprobado que un *post* se comparte más, cuando una pequeña biografía del autor, está descrita en el perfil.

Otra cosa importante a tener en cuenta, especialmente si eres una marca personal, es que tus seguidores deben sentir que eres **auténtico** y, aunque parezca mentira, esta es una de las cosas que más cuesta.

Con frecuencia, el miedo a ser rechazados nos conduce a actuar como una persona que no somos, haciendo creer que vivimos una vida que no tenemos y mostrando unas emociones que no son parte de nosotros, sin embargo, esto no es recomendable, pues el NO ser auténtico no es algo sostenible en las redes sociales. Tarde o temprano tu verdadero yo terminará aflorando, y es necesario que así sea si, de verdad quieres vivir una vida en coherencias. Entonces, mejor ser coherente desde el día uno.

Las personas del otro lado saben cuándo hablas desde el corazón y cuándo hablas desde el miedo o desde el deseo de aparentar algo que no eres, y desde el corazón todo es mejor.

La narrativa

En cuanto al tipo de narrativa, es importante que empieces con fuerza tus redacciones. Esto quiere decir que es mejor empezar diciendo que "Caperucita se encontró con el lobo", en vez de empezar diciendo que "Había una vez".

Las personas que están en la RRSS tienen demasiados estímulos simultáneos, así que es muy difícil que estando tan distraídos y teniendo tanto contenido de su interés a la vista, quieran ir a por contenido adicional, que quieran explorar una historia que no tiene la garantía de que vaya a gustarle.

Así que, cuando empezamos con algo impactante, que abarque una o dos líneas como máximo, de una vez podemos engancharle antes que omita nuestro *post*, además cuando la persona le da a "ver más" para seguir leyendo, eso cuenta como una interacción para el algoritmo de

IG, lo cual le hace ver que tu cuenta es relevante y comienza a mostrarla más.

Ten en cuenta que posees menos de 3 segundos para captar la atención de alguien que se encuentra con uno de tus *posts*, por eso es tan importante colocar información llamativa en la primera línea.

¿Vida personal, o no?

Ahora que ya sabemos cómo identificar *insights*, y también sabemos qué tipo de contenido debemos escribir y cómo escribirlo, quiero abordar la respuesta a una pregunta que la mayoría de los emprendedores se hacen cuando abren una cuenta de Instagram, y es que, si deben, o no deben, compartir cosas de su vida personal.

Para responder a esta pregunta, antes tenemos que decidir si la cuenta es de una marca empresarial, de producto, servicio o personal.

En el caso de las marcas empresariales, de producto o servicio, es importante destacar que los consumidores suponen que detrás de ellas hay un equipo de trabajo, por lo cual podría parecer un poco extraño que exista una sola persona ocupando siempre la pantalla, aunque todo depende del caso y de cómo se maneje, evidentemente, si eres una persona muy famosa podría ser distinto, incluso beneficioso para la marca, aun así, debe medirse el tipo de contenido "personal" que se promueve y lo beneficioso que esto será para tu marca.

En cuanto a las cuentas personales, no hay fórmulas exactas, el nivel de vida privada que desees exponer, queda totalmente a tu gusto y decisión, sin embargo, en caso que no te sintieses bien compartiendo tu vida privada, recuerda que NO tienes por qué hacerlo, siempre existen opciones de contenido que pueden ofrecer valor sin que esto tenga que ver con tu intimidad o tu cotidianidad, para entender cómo se hace, te sugiero que busques referencias de otras personas que ya lo están haciendo y modeles su estilo.

En mi caso sigo cuentas personales de las cuales no tengo ni idea si sus protagonistas tienen pareja, hijos o perros, ni siquiera sé dónde viven, aun así, aportan mucho valor a mi vida. Por otra parte, también sigo cuentas que están repletas de los detalles del día a día de sus creadores, y esto también me agrega valor, porque me cuentan hasta cuál es la empresa que va a limpiar a su casa o la mejor leche de almendra que encontraron en el supermercado, si les fue bien con la inseminación artificial que se hicieron, o por qué a su hija pequeña no le gustan los perros y qué han hecho para solucionarlo.

No hay un camino único en este caso, todo depende de tu personalidad, el mensaje y la imagen que deseas transmitir. Sin embargo, considera que ciertos toques de vivencias personales en tu cuenta, pueden humanizarla.

Ahora bien, si por ejemplo, te encuentras en una situación donde deseas hablar exageradamente de un contenido que no va en línea con el mensaje que deseas transmitir, como me pasó a mí cuando me convertí en mamá, te sugiero que abras una cuenta aparte para hablar de ese tema.

No pasa nada si eres Tony Body, el entrenador que esculpe cuerpos perfectos, y hablas de vez en cuando de tus hijos, lo que no debe pasar es que esa información supere en cantidad e importancia a tu objetivo de ayudar a las personas a tonificar su cuerpo.

No hables solo de ti

Otra cosa importante a tener en cuenta, no hables solo de ti.

Incluso cuando eres una marca personal, el consumidor quiere saber lo que tienes para él y cómo puedes hacer su experiencia mejor al estar en tu cuenta, le gustará saber de ti, pero más le va a gustar saber cómo siguiéndote a ti él puede ser o sentirse mejor.

Por último, te recuerdo que es importante tener un "llamado a la acción" o "*call to action*" al cierre de tu narrativa.

Y esto, es pedirle al consumidor lo que quieres que haga cuándo termine de leer lo que escribiste para él.

Se lo debes pedir de una manera sutil e interesante, sin que parezca que tiene que pagar un precio por haber leído lo que escribiste para él.

Palabras como, por ejemplo:

- Guarda esta información porque te podría ser de utilidad para más adelante.
- Comparte con tus amigos si crees que puede ser de utilidad para ellos.
- Dale *like* si te sentiste identificado.
- Menciona a tus amigos que también les pasa esto.
- Publica en tus historias si te gustó.
- Déjame tus comentarios si tienes dudas o quieres compartir cómo lo haces tú.
- ¿Qué piensas tú de esto?

Contenido "Siempre verde" o "*Evergreen*"

Por último y no menos importante, procura que la mayor parte de tu contenido sea *evergreen* o siempre verde, me refiero a ese contenido que no caduca y que es valioso para tu usuario ahora mismo y también dentro de unos meses.

A menos que seas una cuenta de noticias, o algo por el estilo, tu contenido debe ser capaz de perdurar en el tiempo.

Por ejemplo, volviendo al caso de nuestra nutricionista infantil, un contenido *evergreen* sería explicar los beneficios de las frutas según su color, un contenido que caduca sería explicar cómo deben lavar y desinfectar las frutas en tiempos de pandemia, específica y temporalmente.

Ambas cosas está bien hacerlas, porque el consumidor también necesita sentir que vives en su mismo tiempo y que sientes sus mismos problemas, sin embargo, procura que el contenido que caduca no supere al que no caduca, para que la mayor parte de tus *posts* sigan teniendo valor a través del tiempo.

La frecuencia

Bien, hablemos ahora de la frecuencia, pues puede que te estés preguntando cada cuánto tiempo debes publicar en tu cuenta de Instagram. La frecuencia depende, en gran parte, de tu categoría, tu nicho, el mercado al cuál te diriges, etc.

Si bien esto es cierto, también es cierto que el algoritmo de Instagram premia la constancia, esto significa que deberías hacer publicaciones entre 2 y 4 veces a la semana como mínimo, lo ideal es diariamente, incluso más de una vez al día si es posible, siempre que sea información de valor, concreta y siempre que esto sea sostenible para ti.

En este caso, me parece apropiado recordarte que publicar en tu *feed* no es la única manera de mantener una actividad constante en Instagram. Anteriormente explicamos la importancia de usar tus *stories* diariamente, la principal ventaja de este formato es te permite elaborar contenido menos producido, que requiera menos energía y perfeccionamiento de tu parte, ya dijimos que hoy en día está demostrado que los consumidores de Instagram, invierten una gran parte de su tiempo en los *stories*, y esto es algo positivo que te ayudará a aumentar tu actividad debido a que son más fáciles de hacer. Así que, si bien regalar un "ramo de flores" al día podría volverse muy cuesta arriba, regalar una "flor" a diario sí que podría ser sostenible. En esta metáfora, el ramo es la publicación en *feed* y la flor es el *story*.

Cómo evitar la fatiga creativa

Ya que estamos hablando de cantidad y calidad, hablemos de la fatiga creativa, la fatiga de toma de decisiones y de cómo evitarla. Ese cansancio que se apodera de nosotros cuando ya no sabemos qué escribir, cómo diseñar o qué postear.

En este caso, la mejor recomendación que puedo ofrecerte son los bloques de trabajo continuo.

Elige un día y una hora de la semana para crear todo tu contenido, investiga, inspírate, busca referencias de tu sector y coloca lo mejor de ti en es ese momento, luego deja las publicaciones programadas desde *Facebook Creator Studio* y olvídate de crear contenido el resto de la semana, solo dedícate a responder comentarios e interactuar.

Crear contenido cada día te convertirá en un esclavo, o esclava, de las redes sociales y te robará creatividad para todas las otras funciones que tu emprendimiento requiere.

Otra idea puede ayudarte a canalizar tu creatividad y ahorrar tiempo es crear secciones.

Por ejemplo, una sección podría ser los jueves de TBT, para hablar de tus historias del pasado, cuenta cómo empezó tu empresa, cuál fue tu primer cliente, cómo tomaste la decisión de dedicarte a lo que haces, cuál fue tu primera venta, etc.

También puedes dedicar un día a la semana a responder preguntas que tus seguidores te hacen.

Puedes dedicar otro día a profundizar un caso específico de algún correo que alguna persona te haya mandado, planteándote problemas o dudas.

Puedes hablar de las nuevas noticias que afectan a tu sector. Hablar de cómo se usa algo, o de un tema infinito que puedas tocar una vez a la semana sin que se acabe, sin que gaste y sin que aburra, por ejemplo, el libro de la semana, la receta saludable de la semana, el caso de negocio de éxito de la semana, el outfit de la semana, etc.

Por último, te voy a sugerir una herramienta que te puede ayudar a producir contenido constantemente, cuando ya no sepas de qué escribir, se llama **Answer the Public**, puedes usarlo en varios idiomas, y allí encontrarás un buscador que te permite colocar el tema del cual quieres escribir, y este te arrojará palabras relacionadas y diferentes enfoques relacionados con esta palabra, todo esto vinculado con las búsquedas que los consumidores están haciendo en este momento.

El uso de los *hashtags*

Ahora, te voy a explicar cómo los hashtags te pueden ayudar a complementar tu contenido para que este le llegue a personas que realmente están buscando información sobre lo que estás escribiendo.

Lo primero que debes saber, es que un hashtag sirve para identificar un tópico, son palabras a o frases cortas que agrupan temas y solo puedes usar un límite de 30 hashtag en cada uno de tus *posts* y un límite de 10 en tus historias.

Lo segundo es que estos *hashtags* deben tener una relación directa con el contenido que estás publicando.

Digamos que, por ejemplo, escribes un *post* relacionado con cómo curar el cuerpo usando la mente, y colocas el hashtag **"epigenética"** en el *post* que escribiste. Cuando alguien esté buscando información relacionada con el tema y escriba ese hashtag en el buscador de IG, seguramente le salga mi *post* entre muchos otros. Si esa persona lo ve, y **sin tener que llegar a leerlo**, se da cuenta de que, en efecto, el *post* trata del tema que ella busca, puede que comience a seguirte porque verá que tratas temas relacionados con sus intereses.

Por el contrario, si a primera vista, el *post* pareciera que no tiene nada que ver con epigenética, ni siquiera se fijará en él.

Puedes usar los 30 h*ashtags* que IG permite, sin embargo, hace poco vi una estrategia que me parece mucho más efectiva y se trata de elegir en el buscador (donde está la lupita de IG) los hashtags relacionados con tu tema, que sean populares, pero hasta un punto, no demasiado populares, de manera que tú no quedes perdido en el mar de todas las personas que usan el mismo *hashtag*.

Esta estrategia, no es mía se la escuché a una agencia publicitaria que se llama @TheFigCo, pero yo la he bautizado como **la estrategia 3x5**.

Consiste en usar unos 5 hashtag relacionados con tu temática que tengan mucha popularidad, y cuando hablo de mucha me refiero a entre medio millón y un millón de menciones, no más de eso para que no nos perdamos en el mar de las búsquedas. Por ejemplo, en el caso de una cuenta de desarrollo personal, podría ser la palabra #éxito, ya que se encuentra en ese rango.

Luego colocar 5 palabras más que se encuentren relacionadas con los temas que tratas, pero a un nivel más específico, con menciones entre 100 mil y 500, por ejemplo #Coherencia.

Y, por último, colocar 5 más con menciones entre 10mil y 100mil donde iría a una palabra mucho más de nicho y más relacionada con el *post* que se está escribiendo, y esta podría ser por ejemplo la frase #noprocesados, toda pegada, evidentemente.

En este caso, estaríamos hablando de un *post* que explica cómo el hecho de no consumir alimentos procesados, te ayuda a conseguir un estado de coherencia que te permite tomar decisiones acertadas y alcanzar el éxito a todo nivel en tu vida.

Como ves, ahí hay 3 jerarquías de hashtags: 5 bastante populares, 5 intermedios y 5 con menor popularidad.

Adicionalmente, también puedes crear tus propios hashtags, con la intención de crear una comunidad alrededor de la marca, en mi caso, siempre pongo un hashtag con mi nombre completo, es decir, mi marca personal o con el nombre del producto o servicio que estoy promocionando, en este caso alguno de mis cursos o mi podcast.
Esto también te sirve para hacer concursos, sorteos y otras cosas, por ejemplo, puedes invitar a las personas a participar en un reto usando un hashtag que te permita a ti ver todas las personas que han concursado y luego premiar al mejor, por ejemplo, un concurso de recetas donde premies al plato mejor decorado y pedir que coloquen el #lasrecetasdelaura

También puedes crear movimientos, como por ejemplo #meamoynomeimportan, un hashtag que desmitifica la necesidad de tener cuerpos perfectos, o de tener esos cuerpos que nos hicieron creer que eran perfectos, cuando en realidad todos lo son.

Por último, quiero decirte 5 cosas más acerca de los hashtags.

1) No son garantía de ganar seguidores, son un complemento del contenido que hacen que te expongas más y tengas más posibilidad de que otros te vean.

2) Si no te gusta usarlos junto al texto del *post*, puedes colocarlos en el primer comentario.

3) Debes colocarlos cuando publiques el *post* o unos minutos después, no puede pasar mucho tiempo entre una cosa y la otra, de lo contrario no surtirán el mismo efecto.

4) Cuando mires los hashtags que usa tu competencia, analiza en el buscador si esto es una buena estrategia, si está usando los más adecuados, o no. Usa esto para inspirarte, pero no para copiar la estrategia. Lo que funciona para ellos no, necesariamente, funciona para ti.

5) Ten bloques de hashtag preparados para que no pierdas tiempo a la hora de publicar y cambia solo aquellos que se ajustan mejor a tu *post* del momento.

6) Verifica en la parte inferior de tu *post*, cuántas personas estás atrayendo a tu cuenta con los hashtags que usas en cada publicación, y ve cambiando las que no te funcionen. Lo bueno de esta herramienta es que te va ayuda a saber cuántas personas te vieron por el hashtag, la deficiencia, es que no sabes cuales de esos hashtags fueron los más exitosos, para eso hay muchas herramientas y puedes encontrar en Google colocando la frase "herramientas para monitorizar hashtag". Entre ellas **Flick**, si estás dispuesto a hacer una pequeña inversión y quieres analizarlos con mayor detalle.

Y con esto hemos terminado, todo lo referente a contenido. Ahora sabes cómo encontrar de qué hablar, cómo escribirlo y complementarlo bien para que tenga un buen alcance.

También sabes en qué tipo de estrategias apoyarte para no quedarte sin ideas, conoces aplicaciones que te ayudan a medir y buscar intereses relacionados con tu audiencia, y sabes cómo atraer más tráfico con tus hashtags.

Vamos al último capítulo, allí te hablaré de consideraciones muy importantes que debes tener en cuenta en Instagram.

CAPÍTULO 4

SEGUIDORES

En este último capítulo te hablaré de

- Cómo ganar seguidores.
- Los límites de Instagram.
- Lo que nunca debes hacer.
- Lo que siempre debes hacer.
- Lo que siempre debes tener en cuenta.

Ganar seguidores

Y una de las preguntas que, constantemente, se hacen la mayoría de las personas que abren una cuenta en Instagram, con un fin comercial, es ¿cómo ganar seguidores? Y la respuesta es todo lo que hemos venido hablando hasta ahora: solucionando un problema, con imágenes atractivas, contenido relevante, una narrativa adecuada, música en tendencia, mucha constancia y mucha interacción bilateral.

RELACION BILATERAL: Cuando digo interacción bilateral, me refiero a que no solo invites a la gente a que hable contigo, también es importante que tú le hables a ellos, que des el primer paso comentando sus fotos, dando *like*, o "me gusta" a sus publicaciones, siempre teniendo cuidado de que no se sientan invadidos, es decir, evita mandarle mensajes directos vendiendo cosas que no quieran comprar.

Por otra parte, también invítalos a que sean ellos los que interactúen contigo. Hazle preguntas, pídele opiniones, dale espacio para que coloquen sus dudas, etc.

ALIANZAS ESTRATÉGICAS Y TRANSFERENCIA DE SEGUIDORES: Otra opción para aumentar tu número de seguidores de una manera orgánica y natural, es generar alianzas estratégicas, es decir, unirte a otras personas de tu medio, con intereses parecidos a los tuyos y con consumidores parecidos a los tuyos, para que cuando se encuentren con el fin de ofrecer información exista transferencia de seguidores entre sus cuentas.

Y una gran herramienta para esto son los *live* o las emisiones en directo donde invitas a otra persona para conversar o para entrevistarlas. No sientas vergüenza o pena por invitar, asume desde ahora que algunos te dirán que sí y otros que no, ten en cuenta que a los entrevistadores famosos también les rechazan, especialmente si es alguien más famoso que ellos o si sienten que esa entrevista no construye sobre el mensaje que quieren transmitir. Haber escuchado esto de una entrevistadora famosa, me dio a mi mucho valor en el momento que decidí comenzar mi podcast y, contrario a lo que pensaba, la mayoría de la gente ha aceptado mi invitación.

Pero volvamos al tema de los *live*, por ejemplo, digamos que nuestra nutricionista infantil de no procesados, invita a un nutricionista vegano, para que ayude a aquellas madres que quieren iniciarse en el mundo del veganismo, estoy segura que esta unión sería de gran valor para ambas comunidades y ambos ganarían seguidores en su encuentro.

En el caso de estas alianzas es importante que elijas personas que tengan algún tipo de vínculo con tu contenido, y que tengan una buena reputación en las RRSS.

¿Qué quiero decir con esto? pues que, en realidad tú puedes hacer en tu cuenta lo que quieras y hablar de lo que quieras, pero si la persona a la que invitas no tiene nada que ver con el contenido de tu día a día, pues es de esperarse que no va a transferirte ninguno de sus seguidores a tu cuenta.

También está claro que no siempre hacemos un *live* para que exista una transferencia de seguidores, lo más importante es que tú ofrezcas un buen contenido. Cuando hice mi primer *live*, invité a una persona que ni siquiera tenía cuenta en Instagram en aquel momento, de hecho, la abrió para poder hacer el *live* conmigo, obviamente no me iba a transferir ningún seguidor, sin embargo, el contenido que ofreció fue de alto valor para mi audiencia, y esto ya fue suficiente.

CUIDA TU REPUTACIÓN: En otra oportunidad, invité a una persona con miles de seguidores a mi cuenta, para que hablara de un tema relacionado con el bienestar físico, yo sabía que esta persona trabajaba vendiendo productos en una empresa multinivel, pero esto no me pareció un motivo para dejar de invitarla, finalmente, la estaba invitando para que ayudara a mis seguidores a mejorar su bienestar físico, y le pedí que no intentase venderles nada y que ni siquiera mencionara sus productos, pero mi estrategia no funcionó.
A pesar que esta persona no intentó venderles nada y, a pesar que su presentación fue fantástica, de muchísimo valor y de que su imagen reflejaba al 100% su mensaje, me pasó algo que nunca antes me había sucedido, ese día perdí una gran cantidad de seguidores.

Pronto entendí que mis seguidores interpretaron equivocadamente, que sería cuestión de tiempo para que yo comenzara a ofrecerle los mismos productos que mi invitada vendía. Y aunque nada estaba más alejado de eso, nunca tuve la oportunidad de explicarlo.

Todos hemos escuchado alguna vez en la vida la frase "dime con quién andas y te diré quién eres" así que cuando vemos a dos personas juntas asumimos que tienen cosas en común, y seguramente las tengan, pero no siempre son las que imaginamos.

Por eso es tan importante que cuides tu reputación mostrándote solo con personas que tengan una reputación que vaya en línea con tus valores, y esto aplica para cuando te inviten a ti también a una cuenta con la cual no sientas afinidad, aprende a decir que no.

Lamentablemente, no siempre tenemos la oportunidad de explicar las cosas, así que es mejor que todo lo que tu consumidor vea en tu cuenta, no deje espacio a interpretaciones poco convenientes para ti, y si igual lo vas a hacer, ten tus respuestas preparadas para aclarar las malas interpretaciones, en caso que haya preguntas incómodas.

CUENTA LO QUE HACES FUERA DE IG CON TUS ALIADOS: Otra manera de ganar seguidores a través de alianzas es, por ejemplo, conectando con tus invitados en otras plataformas o redes sociales diferentes a Instagram, y luego colocar el anuncio de este contenido en tu cuenta.

Por ejemplo, en mi caso, hago entrevistas que se colocan en YouTube y también en varias plataformas de podcast, estas entrevistas las anuncio en mi cuenta de IG, mencionando al invitado de cada episodio, con su dirección de IG, para que él sepa que estoy usando su imagen y adicionalmente para que repostee mi aviso en su cuenta, si así lo desea. Esto puede traer como consecuencia que personas que le sigan a él, comiencen a seguirme ahora que ya saben que existo, o puede que nada de eso pase, y esa entrevista anunciada allí, simplemente, sirva para que mis seguidores salgan de IG y la vayan a ver a las otras plataformas donde también tengo contenido.

COLABORACIONES COMPLEMENTARIAS: Otra manera de conseguir transferencia de seguidores en alianzas, es haciendo colaboraciones con cuentas o marcas complementarias con la tuya, por ejemplo, si vendes muebles, tal vez sería provechoso para ti que te asocien con algún diseñador de interiores famoso, o famosa, y para ella sería bueno saber que quienes le siguen tendrán un descuento en su nombre si van a comprarte a ti, incluso, podrías darle a esa persona una comisión.

Sea lo que sea aquello que hagas, recuerda siempre esta máxima del IG, una buena imagen atrae, un buen contenido retiene.

MARKETING DE AFILIADOS: Una manera de monetizar tu cuenta es el marketing de afiliados, vender allí los productos y servicios de otras marcas que puedan nutrir a la tuya, por ejemplo, nuestra nutricionista hipotética, Caro Serrano, podría vender en su cuenta algún producto para bebés, relacionado con su alimentación, por ejemplo, cubiertos y platos hechos con productos naturales como el bambú. El comerciante le daría un código, y con ese código ella podría promocionar el producto en su cuenta y ganar un porcentaje por la venta. Muchas de estas redes de marketing se originan desde Amazon, Hotmart etc.

Límites de Instagram

Ahora voy a cambiar un poco el tema, y es que quiero hablarte rápidamente de los límites de IG. Algunos de ellos, te vas a dar cuenta de que existen a la primera, por ejemplo, cuando intentes escribir más de 30 hashtags y no puedas, o cuando intentes superar el número de caracteres que caben en la caja de texto, entonces, sabrás que has llegado al límite permitido.

Sin embargo, hay otros límites que son invisibles y que resultará peligroso intentar cruzarlos, debido a que ponen en riesgo tu cuenta. Dicho de otra manera, si tus prácticas en Instagram no son consideradas "honestas" por los controladores automáticos de esta red, podrías salir perjudicado. Por ejemplo, si sigues a mucha gente y luego dejas de seguirla, solo para que te vean, esto podría poner en riesgo todo tu trabajo en esta red social hasta el momento.

Hagamos entonces un repaso de los límites vigentes para este momento, con lo rápido que cambian las cosas, es posible que alguno de ellos haya sido modificado para el momento de tu lectura:

- No sigas a más de 200 personas en 1 hora.

- No dejes de seguir a más de 200 personas en 1 hora.
- No des más de 100 *likes* por hora.
- No hagas más de 60 comentarios por hora.
- No subas más de 100 historias por día.
- No coloques más de 30 etiquetas en un *post*.
- No coloques más de 30 hashtags en un *post*.
- No coloques más de 10 hashtags en un *story*.
- No sigas a más de 7.500 personas en tu cuenta.
- No hagas más de 10 publicaciones diarias en tu *feed*.

Lo que nunca debes hacer

Ahora quiero hablarte de otras cosas que NUNCA debes hacer en Instagram, si de verdad quieres ganar una buena reputación y conseguir seguidores reales y enamorados de tu cuenta.

- Nunca sigas para que te sigan.
- Nunca sigas por compromiso o para agradecer que te siguen.
- Nunca, nunca, nunca compres seguidores.
- Nunca hagas alianzas con personas que pueden intercambiar seguidores contigo, solo por el hecho exclusivo de intercambiar seguidores para aumentar la cantidad, aunque ni siquiera sean de tu sector.
- No envíes información, indiscriminadamente, a quien no te la está solicitando.
- Nunca te promociones de forma paga desde Instagram, hazlo desde FB Business Manager.
- Nunca coloques links en los *posts*, porque no se puede acceder a ellos y solo los "ensucia".
- Nunca envíes *likes* y mensajes de forma masiva con herramientas para este fin. Lo explicaré mejor, existen

programas que te permiten dar *like* masivamente a una gran cantidad de fotos e, incluso, ponerle un comentario. En primer lugar, si Instagram detecta esto, podría penalizarte o eliminar tu cuenta. En Segundo lugar, es muy fácil darse cuenta cuándo alguien tiene esta función automatizada porque la mayoría de las veces el mensaje que aparece en el *post* no tiene nada que ver con el contenido y resulta muy fácil ver que se trata de un robot. Por ejemplo, digamos que tienes un *post* con solo texto y alguien te coloca "una foto grandiosa" obviamente, es una función programada.

- Nunca pidas si no has dado antes.
- Nunca promuevas emociones "negativas" o de baja frecuencia con contenido que incite al odio, el victimismo, la queja, etc.

Lo que siempre debes hacer

Ahora quisiera hablarte de las cosas que siempre debes hacer:

- Crea contenido de valor.
- Sé consistente.
- Sé coherente.
- Revisa tus estadísticas individuales en cada *post* y generales de la cuenta también.
- Responde a tus directos, siempre.
- Responde las preguntas que te hacen.
- Anuncia tus *posts* en tus *stories*.
- Usa hashtag en *post* y *stories* (en el caso de los *stories* es conveniente ocultarlos desplazándolos con tu dedo hasta la orilla en donde ya no se vean).
- Responde a los comentarios de tus *posts*.
- Publica en los días que te sugieren tus estadísticas.
- Publica en el horario que te sugieren tus estadísticas.

- Da más de lo que pides.

- Usa locación si la venta de tu negocio está atada a un lugar físico, o si te interesa que te relacionen con ese lugar.

- Y aquí una muy especial, aprovecha todas las fechas que sean compatibles con tu marca y ofrece regalos, promociones, información. Me refiero a fechas como Navidad, vacaciones, Black Friday, etc. Ten un calendario preparado para que no se te escape ninguna y aprovecha, hasta tu cumpleaños para regalar algo que pueda aumentar tu conexión con tus seguidores.

Consideraciones adicionales

TU VITRINA: En Instagram puedes tener venta de productos online, en caso que tu finalidad sea vender productos. Sin embargo, debes tener en cuenta que Instagram, no siempre va a ser tu principal canal de venta, muchas veces funcionará como vitrina. Lo que quiero decir es que cada vez que vendas algo fuera de Instagram, tus posibles compradores podrán ir hasta tu cuenta en esta red social para ver quién eres, y esto puede impulsar tus ventas, siempre y cuando lo que encuentren vaya en línea con el producto o servicio que le estás ofreciendo.

TUS SEGUIDORES NO SON TUYOS: Otra cosa que debes tener en cuenta, y que además es algo muy importante, es que tus seguidores NO son tuyos, son de IG. Si el día de mañana IG cierra, o eliminan tu cuenta (lo cual ocurre con bastante frecuencia en los últimos tiempos), esos seguidores se pierden y tú quedarás completamente incomunicado o incomunicada con ellos para siempre, por eso es tan importante no tener todos los "huevos" en la misma canasta y alimentar tus otras redes sociales, colocando allí información que para tus seguidores de IG también sea atractiva, pero diferente, de lo contrario no tendría ningún sentido seguirte en más plataformas si estás colocando la misma información en todas.

Así que diversifícate e intenta tener a tus seguidores de IG en otros sitios también, no te arriesgues a perderlos todos.

Como idea, puedes ofrecerle un regalo *"lead magnet"* a cambio de su correo electrónico, también puedes llevártelos a un grupo de WhatsApp o Telegram a cambio de más contenido complementario.

ESTADÍSTICAS: Ahora me gustaría hablarte de la importancia de que siempre revises tus estadísticas en IG.

Esta plataforma te ofrece estadísticas individuales de cada *post* y también estadísticas globales de tu cuenta.

En las **estadísticas individuales**, puedes ver justo bajo el *post* que deseas analizar, el número de *likes* que obtuvo, los comentarios, las veces que ese *post* fue compartido con otras personas y las veces que fue guardado.

Si despliegas ese cuadro hacia abajo, también vas a poder observar cuántas personas nuevas trajo este *post* específicamente a tu perfil, a cuántas personas le llegó, y cuántas personas fueron a la web que tengas anunciada en tu perfil, entre otras cosas.
Un poco más abajo, verás la cantidad de seguidores que ganaste gracias al *post* y también alcance vs impresiones. Aquí voy a explicar la diferencia:

El alcance, se refiere a todas las personas a las cuales llegó el *post*, ya sea que le hayan prestado atención o no, es decir a todas las personas a las cuales este *post* le apareció en su pantalla.

Las impresiones, es todas las veces que este *post* fue visto, indiferentemente, si la misma persona lo vio varias veces o le apareció varias veces en su pantalla. Por ejemplo, si la persona lo guardó para verlo después, pues aquí se cuentan dos impresiones, la primera vez que lo ve, y la vez que va a revisarlo entre sus *posts* guardados, también cuenta si entra varias veces en tu perfil y lo ve nuevamente.

Otro ejemplo, de como un mismo *post* puede ser varias veces visto por la misma persona, es que esta tenga varias cuentas, en mi caso tengo 5 cuentas y a veces me sale el mismo *post* en las 5, así que lo veo 5 veces, y cada una de estas veces se cuenta como una impresión.

Hablemos ahora de las **estadísticas generales** de tu cuenta, puedes acceder a ellas en la parte superior derecha de tu perfil, donde está el ícono de las tres rayitas, y donde se desplegará una opción que dice "estadísticas". Esto lo podrás ver, siempre y cuando, hayas convertido tu cuenta en una cuenta comercial, para las cuentas personales no se muestran estadísticas.

El cambio de cuenta personal a cuenta empresarial, puedes hacerlo en ese mismo menú en la parte de "configuración", sin embargo, desde el momento que lo hagas debes esperar un tiempo a que se acumules estas estadísticas.

Ya dentro de las estadísticas, puedes ver los *posts* que más han gustado, acotándolo a ciertos períodos de tiempo. Puedes ver cuáles han sido más compartidos, más veces guardados, más comentados, etc. Lo mismo con los *stories* y los vídeos de IGTV.

También puedes ver cómo es el perfil de tus seguidores. Qué porcentaje de hombres y mujeres te siguen, en que parte del mundo se encuentran, en qué días y horas se conectan, qué edades tienen.

Esto te sirve para publicar tus *posts* en los días donde haya más conexión y en las horas donde haya más conexión, sin embargo, por experiencia propia, te sugiero que no te fíes 100% de estas estadísticas, que explores un poco según tu sentido común también.

Para cerrar

Por último, quiero cerrar diciéndote que este libro que acabas de leer tiene estrategias y herramientas para llevar a cabo una buena acción en Instagram y me mantengo actualizándolas constantemente, sin embargo, las herramientas, como, por ejemplo, las aplicaciones o las tácticas que podemos utilizar, estarán cambiando siempre y aunque ahora estén vigentes, dejarán de estarlo en unos meses o años. Sin embargo, lo que nunca va a cambiar son los principios.

Mientras le resuelvas un problema importante a tu cliente, y le des la suficiente cantidad de información para que aprenda a confiar en ti, y le hagas saber cuánto le conoces y cuánto deseas ayudarle, no importa el medio, lo que importa es la finalidad de tu mensaje, tu servicio, tu producto y cualquiera que sea tu emprendimiento en general.

Me despido, no sin antes recordarte que te deseo éxito, que no te compares con los que empezaron antes y van más adelantados que tú, que te conviertes en lo que piensas que eres la mayor parte del tiempo, y que cuando eres auténtico la gente lo sabe.

Feliz tiempo de Instaemprende.

Si este contenido ha sido de valor para ti ayúdame a crecer dejando una reseña en la plataforma donde lo adquiriste, o escaneando el siguiente código, supone un gran apoyo para nuestros esfuerzos editoriales.

Gracias

http://mybook.to/INSTAEMPRENDE

ERES REEDITABLE

DESBLOQUEA TU SABIDURÍA CAMBIA TU VIDA

Este libro nos explica cómo nuestros pensamientos pueden conducirnos a las más indeseadas situaciones de nuestra vida, y cómo entrenarnos para salir de ellas en tiempo récord, para no volver atrás nunca más.

Aquí encontrarás los **pasos detallados para reprogramar tus redes neuronales**, con el fin de obtener la vibración adecuada, y la manera de pensar que necesitas para **lograr todo lo que no has podido lograr hasta ahora, en cada área de tu vida**.

Descubrirás **cuánto tiempo necesita tu cerebro para cambiar**, y convertirte en la **nueva persona que necesitas ser para obtener lo que quieres obtener**.

Aprenderás la información que requieres para entender cómo funciona este órgano y **los trucos que debes emplear en tu día a día para aprovechar su plasticidad a favor de la consecución de tus objetivos**.

Adquiérelo impreso o digital en las principales plataformas de libros online, o léelo gratis en Scribd los primeros 30 días de prueba.

ESTOY EN REEDICIÓN
DIARIO PARA REEDITARME

Los ejercicios de este diario son basados en el *bestseller* "Eres Reeditable", en él encontrarás:

- Los 10 pasos para reprogramar tu cerebro en la dirección correcta, conectar con tu esencia y vivir en propósito.
- Planificador mensual y semanal con casillas de seguimiento para supervisar actividades que te ayuden a producir neurotransmisores que eleven tu vibración.
- Espacio para escribir en cada día del año tus avances, brotes energéticos, momentos de conexión con tu intuición, agradecimientos etc.
- Sugerencia de actividades para mantener tu frecuencia alta los 365 días del año.
- Plan anual de objetivos.
- Ejercicio para elevar la autoestima de tu niño interior.

Otras obras de la autora:

PERSONITA FELIZ EN CONSTRUCCIÓN

Diario de gratitud, amor propio y proyección para niños y niñas

Con este diario, basado en los principios de construcción de redes neuronales para el bienestar del *bestseller* "Eres Reeditable", tus hijos serán guiados de la mano para construir esas rutas neuronales que los llevarán a desarrollar una actitud de confianza ante la vida, justo en la edad en la cual su cerebro se está formando aún. Con la ayuda de este diario:

- Aprenderán a atraer situaciones y personas positivas a su vida.
- Aprenderán a encontrar las oportunidades que se esconden detrás de cada uno de los retos y problemas que se le presentarán en su desarrollo.
- A fortalecer su autoestima y proyectar su energía.
- A mantener su vibración alta y aumentar su sensación de felicidad.
- Hacer mejoras en cuanto a la consecución de objetivos.
- A liderar su vida y formar las bases del éxito personal en un momento donde su cerebro se encuentra dispuesto a no cuestionar las bases del éxito.

✓ Recomendado para niños y niñas entre 5 y 12 años de edad.
✓ Tiempo de uso estimado diariamente, 5 minutos.
✓ Contiene hojas para 12 semanas.
✓ Viene con tres cubiertas diferentes a elegir.

Si te gustan las historias inspiradoras y de emprendimiento con propósito, te invito a escuchar mi **Podcast "Lo Puedes Lograr"** en: YouTube, Spotify, Google Podcast, Apple Podcast, Ivoox, Anchor, Breaker, RadioPublic y Pocket Casts.

Si tienes interés en expandir tu consciencia para transformar tu vida y quieres escuchar conversaciones con profesionales capaces de conectar la ciencia con la espiritualidad, te invito a escuchar mi **Podcast "Expansiónate"** en: YouTube, Spotify, Google Podcast, Apple Podcast, Ivoox, Anchor, Breaker, RadioPublic y Pocket Casts.

Espero haber aportado valor a tu emprendimiento o negocio.

@beagarciaares

Accede a tu regalo ahora mismo mandando un mail a
bettybettyga@gmail.com y colocando en el asunto el código:
TAPBLAN-MMSY2-IE
Allí recibirás, completamente GRATIS,
el módulo "Mindset" del curso online Instaemprende, también el
módulo 2 con vídeos explicativos para obtener imágenes de alta
calidad.

BEA

Si deseas adquirir el **curso online**

INSTAEMPRENDE, con sus **5 MÓDULOS**

VALORADO EN ~~197 USD~~

por un precio especial de **47 USD** escribe a

bettybettyga@gmail.com y coloca en el asunto, el siguiente código:

TAPBLAN-COMPRAR-IE